Wohlgschaft
Das Scheitern

Hermann Wohlgschaft

Das Scheitern

Unser treuester Begleiter auf
dem Weg zum Glück

Patmos Verlag

VERLAGSGRUPPE PATMOS

PATMOS
ESCHBACH
GRÜNEWALD
THORBECKE
SCHWABEN
VER SACRUM

Die Verlagsgruppe
mit Sinn für das Leben

Die Verlagsgruppe Patmos ist sich ihrer Verantwortung gegenüber
unserer Umwelt bewusst. Wir folgen dem Prinzip der Nachhaltigkeit
und streben den Einklang von wirtschaftlicher Entwicklung, sozialer
Sicherheit und Erhaltung unserer natürlichen Lebensgrundlagen an.
Näheres zur Nachhaltigkeitsstrategie der Verlagsgruppe Patmos auf
unserer Website www.verlagsgruppe-patmos.de/nachhaltig-gut-leben

Umschlaggestaltung: Finken & Bumiller
Umschlagillustration: fran_kie / Shutterstock
Satz: Schwabenverlag AG, Ostfildern
Druck: GGP Media GmbH, Pößneck
Hergestellt in Deutschland
ISBN 978-3-8436-1576-1

Inhalt

Menschen, die aus der Hoffnung leben,
sehen weiter.
Menschen, die aus der Liebe leben,
sehen tiefer.
Menschen, die aus dem Glauben leben,
sehen alles in einem anderen Licht.

LOTHAR ZENETTI

Einführung

Wir alle wollen glücklich sein, glücklich und zufrieden. Eine Grunderfahrung der menschlichen Existenz ist jedoch die Erfahrung der Vergeblichkeit, der Enttäuschung, des vorläufigen Scheiterns. Jede und jeder hat es schmerzlich erlebt: Es gibt ›Missernten‹ im Leben, vergebliche Anläufe, schwere Rückschläge, Lebenskrisen. Doch solche ›Umsonst‹-Erfahrungen müssen unser Leben nicht zwangsläufig verdüstern oder gar ruinieren. Im Gegenteil, sie können uns weiterbringen, uns innerlich bereichern und festigen.

Menschliches Dasein ist insgesamt mehrdeutig und ambivalent. ›Gewinnen‹ und ›Verlieren‹ gleichen sich oftmals aus. Es kann auch sein, dass sich Gewinne später als Verluste und Verluste als Gewinne erweisen. Doch ob nun die ›Haben‹- oder die ›Soll‹-Seite unseres Lebens überwiegt – in der Regel gehen unsere Wünsche und Sehnsüchte über das schon Erreichte weit hinaus. »Die Welt ist Sehnen. Das menschliche Leben ist unerfüllt.« So heißt es in Daniel Kehlmanns Roman ›Lichtspiel‹ (2023).[1] Bin ich gescheitert, wenn bestimmte, mir wichtige Wünsche nicht erfüllt werden? Im allgemeinen Sprachgebrauch gilt: Jemand scheitert, wenn er einen angestrebten Zustand oder ein erwünschtes Ziel nicht erreicht und somit einen Misserfolg, einen Fehlschlag erleidet.

Ursprünglich hatte der Begriff ›Scheitern‹ die Bedeutung von ›in Stücke zerbrechen‹:[2] bezogen etwa auf ein Schiff, das im Sturm an einer gefährlichen Küste mit einem Hindernis kollidiert. Gemeint ist in diesem Fall das Ergebnis einer Naturkatastrophe, das Auseinanderbrechen eines Ganzen in Teile infolge einer Gewalteinwirkung. Heute aber ist mit dem Wort ›Scheitern‹ meistens eine persönliche ›Niederlage‹ gemeint. In diesem Sinne stellt das ›Scheitern‹ die eine Hälfte eines Begriffspaares dar, nämlich ›Sieg und Niederlage‹. Man gewinnt oder man verliert.

Dem liegt ein bestimmtes Denkmodell zugrunde: ein Denken in sportlichen oder militärischen Kategorien. Hier wird alles beherrscht von einem Antagonismus zweier Gegner, dem im Extremfall alles andere untergeordnet wird. Plötzlich definiert sich der Wert von Personen oder ganzen Völkern über ›Gewinnen‹ oder ›Verlieren‹. Dies ist eine im Grunde destruktive Denkweise, die sich vor allem über Wettkampf, Streit oder Krieg bestimmt. Der ›Gescheiterte‹ wird dann gedemütigt; er verliert seine Macht, unter Umständen auch seinen materiellen Besitz und seine immateriellen Güter (wie Ehre, Anerkennung, Lebensfreude). Ja, in letzter Konsequenz wird er vernichtet.

›Scheitern‹ in diesem Wettbewerbssinn impliziert einen gnadenlosen Darwinismus: Der Sieger überlebt, der Verlierer geht unter.[3]
Eine einseitig negative Bewertung des menschlichen Scheiterns stelle ich im vorliegenden Buch grundsätzlich infrage. Vielmehr werde ich unterschiedliche Facetten des ›Scheiterns‹ erörtern und anhand zahlreicher Beispiele die mit dem Misslingen verknüpften positiven Aspekte beleuchten.

1. ›Die Kunst des Scheiterns‹

»Erfolg ist keiner der Namen Gottes«, schrieb der jüdische Religionsphilosoph Martin Buber.[4] Mit anderen Worten: Gottes Wirken in unserer Welt muss nicht ›erfolgreich‹ sein, jedenfalls nicht offenkundig siegreich nach menschlichen Maßstäben. Und andererseits kann Gott, mit den Augen des Glaubens gesehen, auch einen menschlichen Misserfolg noch zum Guten wenden.

Der Schweizer Philosoph Gonsalv Mainberger, ein ehemaliger Dominikanerpater, schrieb ein gehaltvolles, in der theologischen Rezeption viel beachtetes Buch mit dem doppeldeutigen Titel ›Jesus starb – umsonst‹ (1970).[5] Das Wort ›umsonst‹ hat hier nicht nur die Bedeutung ›vergeblich‹, sondern zugleich und vor allem die Bedeutung ›gratis‹, ›geschenkt‹. Der Autor wollte sagen: Zwar blieb auch *nach* Jesu Tod das Böse gegenwärtig in unserer Welt; so gesehen starb Jesus vergeblich. Aber der ›Menschensohn‹ gab sein Leben aus freiem Willen, in bedingungsloser Liebe – ohne von anderen eine ›Gegenleistung‹ zu erwarten, in ungebrochener Verbindung mit dem göttlichen ›Vater‹. Und gerade so hat dieser ›Menschen- und Gottessohn‹ ein Zeichen gesetzt, wie die Welt noch zu retten ist: durch das menschliche Ja zu einer göttlichen, alles umfassenden Liebe.

Zu unseren menschlichen Daseinsbedingungen zählen – neben eher seltenen Sternstunden und außergewöhnlichen Glücksmomenten – der durchschnittliche Alltag und auch sehr missliche, tief traurige Erlebnisse: etwa eine Krise in Freundschaft und Liebe, vielleicht ein irreversibler Bruch in menschlichen Beziehungen, ein Misserfolg im Beruf, ein plötzlicher Schicksalsschlag, ein vergeblicher Kampf gegen eine schwere Krankheit, der Tod eines geliebten Menschen. Auch Depressionen und andere psychische Erkrankungen nehmen, vor allem in den Industrieländern, zu. Viele Menschen leiden an sich selbst oder / und an ihrer unmittelbaren Umgebung. Frauen und Männer, Kinder und Jugendliche in vielen Teilen der Welt leiden unter Armut und Krieg; manche zerbrechen an schreienden Ungerechtigkeiten im gesellschaftlichen Umfeld.

Wer sich, seinen Möglichkeiten entsprechend, für eine bessere Welt engagiert und wer sich von persönlichen Kümmernissen und herben Fehlschlägen nicht entmutigen lässt, ist ein wirklicher Lebenskünstler. Der Musiker, Liedermacher, Schauspieler und Autor Konstantin Wecker hat in seinem wunderbaren, von dem prominenten Psychoanalytiker Arno Gruen hoch gerühmten Buch ›Die Kunst des Scheiterns‹ (2007) viele, darunter sehr abenteuerliche, Wege beschrieben,»das Glück zu finden«.[6] Konstantin Wecker, der 1966 als 19-Jähriger wegen eines Einbruchdiebstahls im Gefängnis saß, jahrzehntelang unter

Drogensucht litt und auch sonst die Untiefen des Daseins mehr als gründlich in seiner eigenen Vita ausgelotet hat, lässt den Leser in diesem autobiographischen Buch etwas von dem erstaunlichen Gewinn spüren, der jedem Scheiternden winken kann.

Krisenzeiten (eine Ehekrise zum Beispiel, eine Schaffenskrise bei Künstlern, eine Sinnkrise nach gravierenden Enttäuschungen) sind, statistisch gesehen, etwas ganz Normales. Sie müssen kein Scheitern, kein großes Unglück zur Folge haben. Nein, sie können auch die Chance zu einem neuen Anfang, zu einem neuen inneren Reichtum, enthalten. Das griechische Wort »Krisis« bedeutet auf Deutsch »Zuspitzung«, »Entscheidung« oder »Wendung«. Diese Wortbedeutung impliziert: In jedem menschlichen Leben gibt es »Krisen«, die nach einer *Entscheidung* verlangen – nach einem Wendepunkt, der etwas Neues, vielleicht Rettendes, mit sich bringen kann.

Aus Krisensituationen können wir gestärkt hervorgehen, im Idealfall erheben wir uns aus der Katastrophe wie Phönix aus der Asche (in den Mythologien der Völker). Eine Lebenskrise kann uns aber auch schwächen, verletzen, demütigen, im schlimmsten Fall ruinieren. Wir können innerlich zerbrechen und hoffnungslos scheitern. Dabei kann es sein, dass wir uns selbst im Weg stehen und über selbst verursachtes Elend jammern. Doch nicht immer sind schuldhaftes Versagen und schuldloses Scheitern eindeutig zu unterscheiden und klar voneinander zu trennen. Schuldlose Qual und qualvolle Schuld liegen manchmal sehr dicht beisammen.

›Hochs‹ und ›Tiefs‹ gehören zu jedem menschlichen Leben. Schwindelerregende Höhenflüge können dem Absturz unmittelbar vorausgehen. Erfahrene Psychologen und Philosophen betonen jedoch: Aus unverschuldeten Katastrophen und persönlichen Fehlern kann man sehr wohl auch lernen. Natürlich ist es schwer, zu verlieren und wichtige Ziele nicht zu erreichen. Durch eigenes Versagen und vorläufiges Scheitern aber kann man – wie es viele historische Beispiele belegen und wie es bedeutende literarische Texte veranschaulichen – auch reifer und ›gescheiter‹ werden.

Was heißt schon ›rundherum scheitern‹? Wann bin ich wirklich ›gescheitert‹, nach welchen Kriterien bemisst sich das? Ob jemand gescheitert ist oder nicht, ist immer auch eine Frage der Perspektive und des Zeitpunktes der Beurteilung. Das Etikett ›gescheitert‹ hängt von sehr vielem ab: von der Absicht, vom Ziel des Akteurs, vom Standpunkt des Beurteilers, von der zeitlichen und kulturräumlichen Distanz zwischen dem Geschehen und der Bewertung des Ereignisses.

Grundsätzlich kann man fragen: Ist menschliches ›Scheitern‹ – wenn man darunter ein Zurückbleiben hinter Wünschen und Träumen versteht – überhaupt vermeidbar? Rein irdisch gesehen scheitern wir alle an der Endlichkeit unseres Daseins. Der Tod setzt unserem Leben und Streben ein Ende. Es sei denn, es gäbe eine Jenseitsperspektive, eine Teilhabe des Menschen an der Ewigkeit eines unendlich liebenden Gottes.

2. Vielfältige Aspekte

Das Scheitern ist allgegenwärtig in unserem Leben. Vieles bleibt Fragment, vieles im Leben bleibt unfertig und schreit nach Vollendung. Prominente Beispiele für zeitweiliges menschliches Scheitern wie auch für nicht vorhersehbare, völlig überraschende neue Anfänge gibt es in Fülle. Berühmte Dichter wie Friedrich Hölderlin, Heinrich von Kleist, Gottfried Keller, Karl May oder Gerhart Hauptmann scheiterten zunächst in einem bürgerlichen Beruf. Und hatten dann, oftmals über verschlungene Umwege, umso größeren Erfolg als Autoren vielfach rezipierter, ihre Zeit überdauernder Werke.

Viele große Persönlichkeiten führten ein leidvolles Leben und sind in gewisser Hinsicht gescheitert; oder sie wurden ›ausgebremst‹ durch eine schicksalhafte Behinderung. Ich denke an Künstler wie den niederländischen Maler Vincent van Gogh, der zu Lebzeiten nur ein einziges Bild verkaufen konnte. Oder an Wolfgang Amadeus Mozart, der jung und verarmt gestorben ist. Oder an Ludwig van Beethoven, der die neunte Symphonie komponierte, sie bei der Uraufführung aufgrund seiner Taubheit aber nicht mehr hören konnte. Oder an den britischen Musiker und Friedensaktivisten John Lennon, der ›Give Peace a Chance‹ schrieb und 1980 in New York bei einem Attentat erschossen wurde.

Im Blick auf vordergründiges Scheitern denke ich vor allem auch an Märtyrer und Märtyrerinnen, an todesmutige, unbedingt glaubwürdige Verkünder des Evangeliums wie den polnischen Franziskaner-Missionar und Publizisten Maximilian Kolbe (1894–1941), der anstelle eines Mithäftlings, eines Familienvaters, freiwillig in den Hungerbunker des Vernichtungslagers Auschwitz ging und dort ermordet wurde. Ebenso denke ich an Widerstandskämpfer und -kämpferinnen wie die Philosophin und Karmelitin Edith Stein (1891–1942), die im April 1933 Papst Pius XI. vergeblich darum gebeten hatte, gegen die Judenverfolgung in Nazi-Deutschland öffentlich zu protestieren. Sie wurde von der Gestapo festgenommen und in einer Gaskammer in Auschwitz umgebracht. Mit ihrem Versuch, den Holocaust mit Hilfe kirchlicher Unterstützung zu verhindern, ist sie trotz aller Bemühungen gescheitert.

Im Folgenden bespreche ich das ambivalente Motiv des ›Scheiterns‹ in antiken Mythen, in alten Märchen und Sagen (Kapitel I). Dass ein vermeintliches Scheitern zu einem höheren, die sinnlich greifbare Welt übersteigenden *Gewinn* führen kann, zeige ich am Beispiel biblischer Gestalten – von der symbolistischen Hiobsfigur über alttestamentliche Propheten bis hin zu Jesus von Nazareth (Kapitel II). Unter psychologischen und existenzphilosophischen Gesichtspunkten gehe ich verschiedenartigen Facetten des Scheiterns nach – anhand einschlägiger Texte von Denkern und Denkerinnen wie Søren Kierkegaard, Albert Camus, Simone de Beauvoir oder Karl Jaspers (Kapitel III).

Die Ratlosigkeit beim Zerbrechen eines Lebensentwurfs und die damit verbundene Gefahr eines Scheiterns ist ein existenzielles Thema selbstverständlich auch der belletristischen Literatur, der Lyrik und der Bühnenkunst aller Zeiten und aller Kulturräume. Entlang von Texten der Weltliteratur bis zum 20. Jahrhundert (Kapitel IV) sowie von Werken aus der Feder von namhaften, mit hohen literarischen Preisen dekorierten Autoren und Autorinnen der Gegenwartspoesie bespreche ich vielfältige Situationen des Scheiterns wie auch der wunderbaren Errettung aus tiefster Not (Kapitel V).

Das mögliche Scheitern einzelner Personen hat oftmals auch eine überindividuelle, gesellschaftliche Dimension. Viele Menschen, auch viele Christen, denken und handeln unvernünftig und gefährden dadurch den sozialen und politischen Frieden. Diesen transpersonalen Aspekt möchte ich im Blick auf markante historische Ereignisse, vor allem aber auf das aktuelle gesellschafts- und kirchenpolitische Geschehen erhellen (Kapitel VI).

Die Kiefer des Todes zermalmen alles,
und der Schlund der Verwesung
frisst jede Teleologie …
Ernst Bloch

Kapitel I
Das Motiv des Scheiterns in Mythen, Märchen und Sagen

Die Erfahrung des menschlichen Scheiterns, der vergeblichen Mühe, des nicht enden wollenden Unglücks finden wir in vielen Mythen, Märchen und Sagen aus verschiedenen Zeitaltern und aus allen Teilen der Welt. Schon die erste bekannte Dichtung der Menschheit, das wohl im zweiten Jahrtausend v. Chr. entstandene, aus dem babylonischen Raum stammende Gilgamesch-Epos, erzählt von einem Helden, der alles erschafft, aber am Sterben seines Freundes scheitert und zerbricht.

Eine Fülle scheiternder Männer und Frauen begegnet uns vor allem in den griechischen Tragödien: in Gestalten wie Sisyphos, Prometheus, Ödipus, Antigone, Elektra, Kassandra und vielen anderen. Im Folgenden kommentiere ich, im Blick auf das Motiv des Scheiterns, mythologische Erzählstoffe aus der griechischen und römischen Antike sowie deutsche Volksmärchen und sehr bekannte, in vielen Regionen verbreitete Sagen. Besonders in den alten Mythen geht es um Menschen, die sich mit ihrem guten Willen und ihren edlen Zielen in einer böswilligen Umgebung nicht durchsetzen können. Es geht um Menschen, denen der äußere, greifbare Erfolg verwehrt bleibt. Manche von ihnen zerbrechen an sich selbst oder werden zu unschuldigen Opfern eines willkürlichen, menschenverachtenden Machtapparates.

1. Die Frevler Sisyphos und Prometheus

Eine der berühmtesten Figuren der griechischen Mythologie ist der grausam gequälte Sisyphos. Wie kaum eine andere Gestalt steht er symbolisch für ebenso schwere wie zwecklose Arbeit, für eine Schufterei ohne Ziel und Erfolg, ja für die vollständige Vernichtung eines ganzen Lebenswerks.

Dem – von den Dichtern Hesiod und Homer überlieferten – Mythos nach war Sisyphos Gründer und König von Korinth. Nachdem er ein Geheimnis des Göttervaters verriet, schickte ihm Zeus Thanatos, den Totengott, um ihn in den Hades zu verbannen – was Thanatos aber erst nach mehreren Anläufen gelang. Wiederholt überlistete Sisyphos trickreich den Tod und versperrte den Zustrom zum Hades, indem er Thanatos fesselte. Zuletzt aber schickte ihn der Götterbote Hermes, im Auftrag des Zeus, definitiv in den Abgrund.

Nach der – in der bildenden Kunst vielfach wiedergegebenen – Darstellung in Homers ›Odyssee‹ musste Sisyphos in der Unterwelt zur Strafe für seinen Frevel einen

Felsblock einen steilen Berg hinaufwälzen.[1] Fast schon am Gipfel rollte der Stein immer wieder hinunter ins Tal. Diese ›Sisyphosarbeit‹ wiederholt sich im Mythos ohne Ende – für den hochintelligenten Sisyphos eine maximal perfide Strafe. Denn diese Zwangsarbeit ist ja nicht nur körperlich anstrengend, sie beleidigt und beschädigt auch den Geist. Einen klugen Kopf endlos zu zwingen, Sinnloses zu tun, ist Folter in höchster Potenz und führt zum Wahnsinn. In der belletristischen Literatur wurde dieses schaurige Motiv oftmals verwendet. Die Literatur-Nobelpreisträgerin Herta Müller zum Beispiel hat in ihrem Roman ›Atemschaukel‹ (2009) eine sinnlose Sisyphosqual – als endloses Kohleschaufeln in einem sowjetischen Straflager zur stalinistischen Zeit – in bedrückend-deprimierender Weise dargestellt.[2]

Im 20. Jahrhundert wurde der Sisyphos-Mythos durch mehrere Literaten neu gedeutet, unter anderem durch die französischen Autoren Albert Camus und Jean-Paul Sartre. Heute dient die Figur des Sisyphos als Metapher für sinnlose Mühe, bei einigen Philosophen als Allegorie der *conditio humana,* die für alle geltende Grundbestimmung des menschlichen Daseins.

Vom tragischen Scheitern handelt auch der vielzitierte, in mehreren Varianten überlieferte griechische Mythos von Prometheus. Der Gigant Prometheus, ein Riese in Menschengestalt, gehört dem Göttergeschlecht der Titanen an und ist dem strengen Regiment des Göttervaters Zeus unterworfen. Da er Zeus bei einem Tieropfer überlistet hatte, zog er sich den Zorn des obersten Gottes zu. Als er später – trotz des Verbots des Zeus – das den Göttern vorbehaltene Feuer zu den Menschen brachte, wurde er auf Befehl des Göttervaters gefesselt und in der Einöde des Kaukasusgebirges festgeschmiedet. Dort attackierte ihn regelmäßig ein Adler und fraß von seiner Leber, die sich immer wieder erneuerte. Erst nach langer Zeit verringerte der Sagenheld Herakles die Qualen des Prometheus, indem er den Adler mit einem Pfeil tötete. Schließlich wurde Prometheus von Zeus begnadigt und erhielt seine Freiheit zurück.

Die Gestalt des Prometheus kann sehr verschiedenartig und kontrovers gedeutet werden. In der ältesten Überlieferung durch Hesiod wird der Betrüger Prometheus zu Recht von den Göttern bestraft. Ein vorteilhaftes Bild des Titanen zeichnete indessen der altgriechische Dichter Aischylos in der Tragödie ›Der gefesselte Prometheus‹. Aischylos pries den Prometheus als Wohltäter der Menschheit und Gegenspieler des tyrannischen Zeus, der die Menschen im Elend lassen wollte.

In der frühen Neuzeit änderte sich die Deutungstradition durch gravierende Umformungen und Neuinterpretationen des alten Mythenstoffes. Die Urteile über Prometheus schwankten zwischen dem Tadel für seinen Unheil bringenden Übermut (etwa durch den Philosophen und Naturforscher Jean-Jacques Rousseau) und der exzessiven Verherrlichung seiner Leistungen – etwa durch den Philosophen Karl Marx, für den Prometheus »der vornehmste Heilige und Märtyrer im philosophischen Kalender« war.[3]

Jedenfalls galt Prometheus in der Antike als Urheber der menschlichen Zivilisation. Je nach geschichtsphilosophischem Standpunkt wurde sein Handeln – damals wie auch in späteren Zeiten – bewertet: positiv von Fortschrittsoptimisten, negativ von Zivilisationskritikern. Seit jeher war Prometheus auch ein beeindruckendes und unterschiedlich bewertetes literarisches Sujet: besonders für Dichter der ›Sturm und Drang‹-Zeit und der Romantik, nicht zuletzt auch für Goethe. Selbstredend war Prometheus ebenfalls ein beliebtes Motiv in der bildenden Kunst, beispielsweise bei Johann Heinrich Füssli, Ernst Barlach, Otto Dix oder Max Klinger.

In der Retrospektive bleibt die Frage: Ist der Feuerbringer Prometheus gescheitert, weil die Menschen sich fortentwickelten und heute dabei sind, sich selbst und ihren Planeten zu ruinieren? Wir können diese Frage nicht endgültig beantworten.

2. Vom Scheitern eines Liebespaars

Prometheus kann als Menschheitssymbol betrachtet werden. Dasselbe gilt in anderer Hinsicht für den griechischen Mythos von Orpheus und Eurydike. Als ein Urbild des menschlichen Scheiterns, der vergeblichen Suche nach Liebe, ist dieses junge Paar anzusehen.

Der ursprünglichen Sage nach stammte Orpheus, als Sohn des Königs Oiagros und der Muse Kalliope, aus Thrakien.[4] Von seiner Mutter lernte er den Gesang. Von Apollon, dem Gott der Dichtkunst und der Musik, bekam er eine Lyra geschenkt. Die Macht seiner Lieder und die Zauberkraft seiner Lyra zogen Götter, Menschen und Tiere in ihren Bann.[5] Des Sängers Glück schien perfekt, als er die Liebe der Najade Eurydike, der schönsten aller Nymphen, gewann und sie als seine Gattin heimführen konnte. Doch der Biss einer giftigen Schlange brachte Eurydike noch während des Hochzeitsfestes den Tod.

Orpheus aber gibt noch lange nicht auf. Durch seinen Gesang und das Spiel seiner Leier gelingt es ihm, die Totengötter Hades und Persephone für sich einzunehmen und die Erlaubnis zu bekommen, Eurydike aus der Unterwelt herauszuholen – zurück ins irdische Glück. Der göttliche Hades freilich stellt eine Bedingung: Auf dem Weg in die Oberwelt muss Orpheus vorangehen und darf sich nach der Geliebten nicht umdrehen. Anderenfalls wird er sie unwiederbringlich verlieren. In seiner übergroßen Sehnsucht jedoch übertritt er das göttliche Verbot und verliert die teure Gattin erneut, diesmal ganz und für immer. Später stirbt auch Orpheus eines grässlichen Todes. Die Mänaden, rasende Weiber, zerstückeln ihn und werfen seinen Kopf in den Fluss Hebros.

Orpheus und Eurydike scheitern in ihrer Liebe. Sie stranden im trostlosen Hades, ohne jegliche Zukunftsperspektive. Denn die Götter haben keinerlei Erbarmen mit ihnen. Dabei müssen wir natürlich bedenken: Ein Himmel im christlichen Sinne, eine unvergängliche Liebe in der Gemeinschaft mit Gott und den Menschen lag außerhalb des griechisch-römischen Blickfeldes. Der antike Götterhimmel hat nichts zu tun mit der biblischen Vorstellung von Gott als einem transzendenten, allmächtigen und gütigen Schöpfer. Auch Orpheus selbst geht es bei seinem Bittgang in die mythologische Unterwelt – wie wir noch sehen werden – lediglich um eine, allein nur ihm und Eurydike zugebilligte Lebensverlängerung auf der Erde. Es geht ihnen nicht um einen allgemeinen Triumph über den Tod, nicht um die Überwindung des Todes überhaupt.

Wie alle antiken Mythen wurde auch der Untergang des Orpheus und seiner Geliebten in der Neuzeit uminterpretiert, ja sogar ins glückliche Gegenteil verkehrt. In der frühbarocken, christlich inspirierten Oper ›L'Orfeo‹ (1607) von Claudio Monteverdi finden Orpheus und Eurydike eine jenseitige Liebeserfüllung in der Ewigkeit Gottes. In der vorklassischen Oper ›Orfeo ed Euridice‹ (1762) von Christoph Willibald Gluck hingegen werden die Protagonisten schon hier auf Erden – aufgrund eines nachträglichen, dem Publikumsgeschmack zugestandenen Gnadenakts der Götter – ein glückseliges Paar.

3. Das Opfer der Antigone

Geht es bei Orpheus und Eurydike im Wesentlichen um eine leidenschaftliche erotische Zweierbeziehung, so steht im Zentrum des Handelns der tragischen Antigone-Gestalt eine ethische Pflichterfüllung. In der griechischen – von Hesiod und Homer tradierten – Mythologie ist Antigone die Tochter des Ödipus, des Königs von Theben. Nach der klassischen Version des Geschehens in der (um 442 v. Chr. in Athen uraufgeführten) Tragödie ›Antigone‹ des griechischen Dichters Sophokles hat Kreon, der neue König von Theben, verboten, dass sein Neffe Polyneikes bestattet wird, weil er das Vaterland verraten habe. Wer Kreons Verbot missachtet, wird mit dem Tode bestraft. Doch Antigone, die Schwester des Polyneikes, stellt ihr persönliches Gewissen über das königliche Gesetz, weil sie glaubt, den Göttern mehr gehorchen zu müssen als den Menschen.

Antigone übertritt das Verbot des Kreon und leitet für ihren Bruder die von den Göttern vorgeschriebenen Bestattungsrituale ein. Nachdem sie Polyneikes durch ein symbolisches Begräbnis (sie streut Erde auf seinen Leichnam) den Einzug ins Totenreich ermöglicht hat, wird sie von einem Wächter entdeckt und bei Kreon angezeigt. Kreon verurteilt Antigone zum Hungertod in einem Verlies. Um diesem Schicksal zu entkommen, begeht Antigone Suizid. Auch Kreons Ehefrau Eurydike nimmt sich das Leben, ebenso Antigones Verlobter Haimon.

»Nicht zu hassen, zu lieben bin ich da«, spricht Antigone in Hölderlins Übersetzung des Sophokles-Dramas.[6] Antigones Liebe und ihr Opfermut fanden größte Wertschätzung bei frühen Humanisten wie Erasmus von Rotterdam und Philipp Melanchthon. Später bewunderten – neben anderen – der große Philosoph Georg Wilhelm Friedrich Hegel, der Altphilologe und Schriftsteller Friedrich Schlegel, der Übersetzer und Literaturhistoriker August Wilhelm Schlegel sowie der Dichter Friedrich Hölderlin die Selbstaufopferung der Antigone. Erwähnenswert sind gewiss auch die verschiedenartigen musikalischen Deutungen des Antigone-Mythos durch berühmte Komponisten wie Felix Mendelssohn Bartholdy, Camille Saint-Saëns, Arthur Honegger, Carl Orff und Mikis Theodorakis.

Antigone unterliegt dem ›Recht des Stärkeren‹. Ihr Schicksal steht exemplarisch für zahllose ähnliche Verhängnisse. So viele Menschen kommen ›unter die Räder‹, wenn sie dem Bösen widerstehen, wenn sie mutig für Recht und Gerechtigkeit eintreten und dabei ihr eigenes Leben – vielleicht auch das Leben ihrer Angehörigen –

aufs Spiel setzen. Die Menschheitsgeschichte liefert dafür die übelsten Beispiele, die freilich, je nach Sichtweise, zugleich auch ermutigend sein können. Unten in Kapitel VI werde ich auf diesen Gedanken zurückkommen.

Ist Antigone nun ›gescheitert‹ oder nicht? Das hängt – wie in so vielen anderen Fällen – vom Blickwinkel des Beurteilers ab. Die französische Philosophin, Sozialrevolutionärin und Mystikerin Simone Weil (1909–1943) sieht in der Antigone der Sophokles-Fassung – wie auch in Elektra, der Tochter des Agamemnon, des Königs von Mykene – das vollkommen reine und unschuldige Wesen symbolisiert, das aufgrund seiner Sehnsucht nach Gerechtigkeit dem Unglück ausgeliefert ist und sich »von den Menschen und von Gott verlassen fühlt«, aber »nicht einen Augenblick lang« daran denkt, mit dem Bösen zu paktieren.[7]

Das heißt mit anderen Worten: Antigone ist nach irdischen Maßstäben, vom äußeren Ergebnis her gesehen, multipel gescheitert. Aber sie hat vor sich selbst und ihrem Gewissen jede Prüfung bestanden und kann künftigen Generationen als Vorbild gelten.

4. Ovids ›Metamorphosen‹

Ein absolutes, definitives Scheitern bekunden hingegen die um 1 bis 8 n. Chr. entstandenen ›Metamorphosen‹ des römischen Dichters Ovid. In 15 Büchern zu je 700 bis 900 Versen wird die Weltgeschichte von ihren Anfängen bis zur Gegenwart des Autors – anhand von rund 250 Einzelsagen aus der griechischen und römischen Mythologie – hochartifiziell dargestellt. Der Kern dieses Kunstwerks besteht im Verwandlungsmotiv, wobei in der Regel ein Mensch oder ein Halbgott in eine Pflanze, ein Tier oder ein Sternbild transformiert wird.

Unter vielen anderen Gestalten wird in den ›Metamorphosen‹ von Apollo und Daphne erzählt, von Narcissus und Echo, Pentheus und Bacchus, Pyramus und Thisbe, Venus und Adonis, Arachne und Pallas Athene, Iason und Medea, Daedalus und Icarus. Die Sagenfigur Lycaon zum Beispiel wird vom Göttervater Jupiter / Zeus in einen Wolf verwandelt, weil er die Göttlichkeit Jupiters bezweifelte und spöttisch auf die Probe stellte. Die eifersüchtige Göttin Minerva / Pallas Athene wiederum verwandelt die geschickte, aber hochmütige Weberin Arachne in eine fette, besonders hässliche Spinne.

Bekannter noch ist das Schicksal des alten Ehepaars Philemon und Baucis. Johann Wolfgang von Goethe, Kurt Tucholsky, Max Frisch, Bertolt Brecht und andere große Dichter haben dieses Ovid-Motiv aufgegriffen und variiert. Nach der Darstellung Ovids wohnen Philemon und Baucis in einer kleinen Hütte, nehmen den Göttervater Jupiter / Zeus und dessen Sohn Mercurius / Hermes (die inkognito eine Stadt der Menschen besuchen) in ihrem Häuschen auf und üben, so gut sie es können, Gastfreundschaft.[8] Durch einen Zufall erkennen sie die Götter und entschuldigen sich bei ihnen für das kärgliche Mahl, das sie ihnen bereitet haben. Doch die Götter zeigen sich in diesem Fall außerordentlich dankbar. Sie belohnen das Ehepaar reichlich und stellen ihnen überdies einen Wunsch frei.

Philemon und Baucis erbitten von den Göttern einen gleichzeitigen Tod.[9] Dieser Wunsch wird ihnen erfüllt.

Aber ihr gemeinsamer Tod bringt ihnen kein neues Leben, jedenfalls kein Leben im Sinne einer Erhöhung und Vollendung ihres irdischen Daseins. Nein, der Tod bedeutet für das Paar den Verlust der personalen Identität. Die beiden werden in Bäume verwandelt, in eine Linde und eine Eiche, die in Griechenland zwar als besonders wertvolle Gewächse galten, die sich aber – so wirkt auf mich die Bildsymbolik Ovids – nicht mehr zu erkennen, nicht mehr zu berühren und nicht mehr zu lieben vermögen.

Nach altgriechischer Vorstellung freilich wohnt in jedem Baum eine Gottheit. Möglicherweise bedeutete nach der Auffassung Ovids die Verwandlung eines Menschen in einen Baum keine Degradierung, sondern im Gegenteil eine Art Vergöttlichung. Wenn man den antiken Götterglauben aber nicht teilt, sehen die Dinge ganz anders aus. Für Philemon und Baucis gibt es dann keine Verwandlung in eine höhere Seinssphäre. Vielmehr werden die Liebenden – aus christlich-theologischer Sicht – zurückversetzt in eine niedrigere, apersonale, ›untermenschliche‹ Seinsstufe.

Nun könnte man einwenden: Ist ein friedliches Einschlafen im Tod nicht genug? Nach meiner Anschauung nicht! Mit Friedrich Nietzsche gesprochen will jede Liebe »Ewigkeit«; sie will »tiefe tiefe Ewigkeit«.[10] Gerade die *bleibende* Liebe aber wird Philemon und Baucis verweigert; sie liegt ja auch völlig außerhalb der antiken mythologischen Vorstellungswelt.

Auch das durch den Tod voneinander getrennte Liebespaar Orpheus und Eurydike taucht in Ovids ›Metamorphosen‹ wieder auf.[11] Wie dem Ehepaar Philemon und Baucis genügt ihnen ein *irdisches* Glück. Sie wollen eigent-

lich nur die Fortsetzung ihrer bezaubernden ›Flitterwo-
chen‹. Der katholische Theologe Gottfried Bachl kommentierte diesen Wunsch so: Dem Orpheus in der Fassung der
›Metamorphosen‹ liegt »offensichtlich daran, die Wohlge-
wogenheit der Hadesmächte zu gewinnen und sie mit keinem unmäßigen Anspruch zu verstören. (…) Er will nicht
das auf allen Menschen liegende Todesschicksal abschaf-
fen oder auch nur an einer zufälligen Stelle durchbrechen.
Das Fatum gilt und soll gelten, uneingeschränkt, auch für
Eurydike und ihn selbst.«[12]

5. ›Hans im Glück‹

Auch antike Menschen haben gern gelebt, sie hatten ihren
Spaß, ihre Freude, ihr Glück. Den vorschriftlichen, min-
destens dreitausend Jahre alten, antiken Mythologien aber
liegt (zumindest aus theologisch-christlicher Sicht) ein
überwiegend düsteres, pessimistisches Daseinsverständnis
zugrunde. Anders verhält es sich bei den später entstandenen Komödien des Aristophanes, des Menander, des Plau-
tus und anderer griechischer Dichter. Und noch einmal
anders bei den meisten, wohl aus dem Mittelalter oder der
frühen Neuzeit überlieferten, europäischen Volksmärchen. Sie zeichnen sich oftmals durch eine ausgesprochen
optimistische Weltbetrachtung aus.

Viele Märchen vermitteln, wenn man sie genauer betrachtet, tiefe »Einblicke in die wunderbare Fähigkeit unserer Seele, das Leben trotz oft widriger Umstände so zu
bestehen, dass wir Glück, Sinn und Weisheit finden können«.[13] Diese Fähigkeit des Menschen demonstriert sehr

anschaulich das Volksmärchen ›Hans im Glück‹, das erstmals 1818 – unter dem Titel ›Hans Wohlgemuth‹ – in der Literaturzeitschrift ›Wünschelruthe‹ von dem Sprachwissenschaftler Friedrich August Wernicke publiziert und ein Jahr später von den Brüdern Grimm in deren Sammlung ›Kinder- und Hausmärchen‹ aufgenommen wurde.

Der Märchen-Hans bekommt als Lohn für siebenjährige treue Arbeit einen kopfgroßen Klumpen Gold. Auf seiner beschwerlichen Heimreise tauscht Hans das Gold gegen ein Pferd, das Pferd gegen eine Kuh, die Kuh gegen ein Schwein, das Schwein gegen eine Gans, die Gans schließlich gegen einen Schleifstein und einen gewöhnlichen Feldstein. Zuletzt lässt er die Steine, als er einen erfrischenden Trunk kosten will, in den Brunnen fallen. Schon immer fühlte er sich in seinem Leben vom Glück begünstigt. Und jetzt ist er froh, die schweren Steine nicht mehr herumschleppen zu müssen.

Man könnte nun sagen: Der dumme Hans lässt sich permanent übertölpeln und betrügen. Er macht gleichsam eine ›Karriere nach unten‹, er gibt ein Musterbeispiel für Leichtsinn, Naivität und grenzenlose Verblödung. Der Märchentext lässt aber auch ganz andere Deutungen zu. Der Philosoph Ludwig Marcuse etwa schrieb zu diesem Märchen, man besitze das Glück »weder im Gold noch im Schwein noch im Stein«. Vieles könne einen Menschen beglücken, »aber kein Gut macht einen glücklich in jeder Beziehung«.[14] Demnach lehrt ›Hans im Glück‹ die Überwindung einer materiellen Weltanschauung.

Der Germanistin und Literaturwissenschaftlerin Marion Schmaus zufolge erteilt dieses Märchen eine moralische Lektion. Es zeigt, dass Glück nicht im materiellen

Reichtum, sondern in der Zufriedenheit mit dem, was man hat, zu finden ist.[15] Ja, wir können noch einen Schritt weiter gehen. In jeder Episode des Märchens tauscht Hans ein Objekt gegen ein anderes, eigentlich weniger wertvolles Objekt, das ihm aber viel nützlicher erscheint. Seiner eigenen Wahrnehmung nach ist Hans kein Verlierer, sondern ein Gewinner. Es stimmt ja: Nach und nach befreit sich der Märchenheld von unnötigem Besitz und belastenden Zwängen.

Auch die Musiktherapeutin Rosemarie Tüpker interpretiert das Märchen positiv als eine Befreiungsgeschichte.[16] Hans ist keineswegs ›gescheitert‹. Nein, gerade im Wegwerfen allen überflüssigen Ballastes gewinnt er das wahre Lebensglück. So heißt es denn auch im Finale des Märchentextes in der Grimm-Fassung: »›So glücklich wie ich‹, rief er aus, ›gibt es keinen Menschen unter der Sonne‹. Mit leichtem Herzen und frei von aller Last sprang er nun fort, bis er daheim bei seiner Mutter war.«[17]

6. ›Rumpelstilzchen‹

Der frohgemute Hans fühlt sich glücklich in jeder Lebenslage, auch wenn es äußerst schwierig wird. Er sieht sich selbst als richtiges »Sonntagskind«.[18] Um verschiedene Formen eines wirklichen Scheiterns geht es hingegen im Volksmärchen ›Rumpelstilzchen‹. Der überlieferte Text findet sich in den ›Kinder- und Hausmärchen‹ der Brüder Grimm.

Ein Müller behauptet dem König gegenüber, seine hübsche Tochter könne Stroh in reines Gold verwandeln.

Der König lässt die Müllerstochter in sein Schloss kommen, um sie auf die Probe zu stellen. Sie soll über Nacht eine Kammer voll Stroh zu Gold spinnen. Falls sie dazu nicht in der Lage ist, muss sie sterben. Natürlich kann das Mädchen diese Aufgabe nicht lösen. Sie ist völlig verzweifelt – bis sich plötzlich die Türe öffnet, ein kleines, unscheinbares Männlein eintritt und dem Mädchen Hilfe anbietet – allerdings nur für eine Gegengabe.

Gegen ihr Halsband spinnt das Männlein das gesamte Stroh zu Gold. Doch in der zweiten Nacht verlangt der gierige König von der Müllerstochter eine noch größere Menge von zu Gold gesponnenem Stroh. Wiederum springt das Männchen ein, diesmal um den Preis des Fingerrings des Mädchens. Am dritten Tag verspricht der nimmersatte König der schönen Müllerstochter die Ehe, falls es ihr erneut gelinge, eine noch größere Menge Gold herzustellen. Das Männlein wiederum fordert für seine Zaubermacht von dem verwirrten Mädchen das erste Kind, das sie mit dem König bekommen werde.

Auch auf dieses Ansinnen lässt sich die künftige Königin ein. Nach der Hochzeit und der Geburt des ersten Kindes will das Männlein die versprochene Belohnung. Die junge Königin bietet ihm alle nur denkbaren Reichtümer an, wenn sie nur ihr Kind behalten dürfe. Dem unheimlichen Männlein aber ist »etwas Lebendes lieber als alle Schätze der Welt«.[19] Auf das Weinen und Jammern der Mutter hin lässt sich das Männlein vorläufig erweichen und gibt der Königin drei Tage Zeit, um seinen Namen zu erraten. Falls sie innerhalb dieser Frist das Rätsel auflösen könne, werde er auf seinen Lohn verzichten.

Die Königin sendet einen Boten aus, der sich im ganzen Reich nach ungewöhnlichen Namen erkundigen soll. Der Bote meldet der Königin, dass weit entfernt ein seltsames, dämonisches Männlein wohne, das nachts um ein Feuer tanzt und dabei singt: »Heute back' ich, morgen brau' ich, / übermorgen hol' ich der Königin ihr Kind; / ach wie gut, dass niemand weiß, / dass ich Rumpelstilzchen heiß'!«[20]

Die Königin weiß nun, dass das Männlein weder Hinz noch Kunz heißt und kann den richtigen Namen sagen. »Das hat dir der Teufel gesagt, das hat dir der Teufel gesagt«,[21] schreit das Männlein in seinem übergroßen Zorn. Ganz außer sich stößt der kleine Unhold mit dem rechten Fuß »so tief in die Erde, dass es bis an den Leib hineinfuhr, dann packte es in seiner Wut den linken Fuß mit beiden Händen und riss sich selbst mitten entzwei«.[22]

Auch bei diesem – oftmals verfilmten und in vielen Theaterfassungen aufgeführten – Märchen bieten sich wieder sehr unterschiedliche Möglichkeiten der Interpretation an. Es gibt zahlreiche psychoanalytische oder tiefenpsychologische Deutungen durch bekannte Autoren wie Sigmund Freud, Carl Gustav Jung, Ottokar Graf Wittgenstein, Hedwig von Beit oder Eugen Drewermann.

Sehr fragwürdig handeln fast alle Protagonisten des Märchens. Menschlich gesehen, scheitert der Müller als Vater; denn er bringt seine Tochter durch Ehrgeiz und Prahlerei an den Rand des Verderbens. Der König erreicht zwar sein Ziel, den Besitz des vielen Goldes; aber moralisch scheitert er unverzeihlich, da er sich von seiner Geldgier ganz und gar beherrschen lässt. Vor allem aber ruiniert sich das Rumpelstilzchen; es vernichtet sich selbst, es scheitert an seiner Hartherzigkeit, an seiner abgründigen Bosheit.

7. ›Vom Fischer und seiner Frau‹

Weniger um eine schwerwiegende, unbedingt zu verurteilende Heimtücke und Niedertracht, vielmehr um verbreitete menschliche Schwächen geht es im – von dem Maler Philipp Otto Runge aufgezeichneten und von den Brüdern Grimm in die Sammlung ›Kinder- und Hausmärchen‹ aufgenommenen – plattdeutschen Volksmärchen ›Vom Fischer und seiner Frau‹.

Ein Fischer, der mit seiner Frau Ilsebill in einer schäbigen Hütte wohnt, die als »Pisspott« bezeichnet wird, angelt im Meer einen Butt, der sich als verwunschener Prinz zu erkennen gibt. Da der geheimnisvolle Butt ihn um sein Leben bittet, gibt der Fischer ihn frei. Als seine Frau dies hört, fragt sie ihn, ob er sich vom Butt im Tausch gegen die Freiheit überhaupt nichts gewünscht habe. Da der Fischer seine Wunschlosigkeit in Bezug auf den Butt einräumen muss, bedrängt ihn seine Frau, den Fisch an Land zu rufen, um von ihm ein hübsches Häuschen zu fordern. Nachdem der Zauberfisch diesen Wunsch erfüllt hat, ist Ilsebill aber noch keineswegs zufrieden. Erneut verlangt sie von ihrem Mann, er solle den Butt rufen und sich diesmal ein großes Schloss mit viel Prunk und vielen Lakaien wünschen.

Des Fischers sechsmal sich wiederholende Beschwörungsformel lautet: »Manntje, Manntje, Timpe Te, / Buttje, Buttje in der See, / meine Frau die Ilsebill, / will nicht so, wie ich wohl will.«[23] Ilsebill freilich genügt das protzige

Schloss noch nicht. Sie will Königin werden, dann Kaiserin, dann sogar Päpstin. Und jedes Mal setzt sie sich durch. Der Fischer gibt ihrem Drängen nach; und der verwunschene Prinz in Gestalt des Fisches erfüllt jeden Wunsch.

Als die Päpstin und ehemalige Fischersfrau – ähnlich wie der gefallene Engel Luzifer in der Bibel – am Ende werden will »wie der liebe Gott«,[24] ist es mit der Nachsicht des herausgeforderten Fisches aber unwiderruflich vorbei. Die überhebliche, unersättliche Frau wird vom Butt, zusammen mit ihrem Mann, zurückversetzt in den erbärmlichen Pisspott. »Und da sitzen sie noch bis auf den heutigen Tag.«[25]

Wie der blasphemische Engel Luzifer werden der Fischer und seine Frau gleichsam mit einem ›Höllensturz‹ bestraft. Warum aber trifft es beide Partner im selben Ausmaß? Ist Ilsebill nicht die allein Schuldige? Die immer größer werdenden Wünsche der Frau steigern sich ja ins Gigantische, ins Groteske. Will das Märchen demnach – so fragt der bekannte Autor und Psychotherapeut Hans Jellouschek provozierend – »auf die vom Weibe ausgehende Gefahr aufmerksam machen und die Männer ermahnen, zeitig nach dem Rechten zu sehen, damit es nicht so weit kommen kann? Ist das die Quintessenz?«[26]

Hans Jellouschek gibt zu bedenken: »Der Fischer ist nicht so unbeteiligt an Ilsebills Maßlosigkeit, wie es uns die Geschichte auf den ersten Blick weismachen will«.[27] Das Muster ist klar und offenkundig: Der Fischer, der nette, ›herzensgute‹ Mann gibt immer nach. Er nimmt sich zurück, er stellt keine eigenen Ansprüche, er tut alles, was seine Frau will. »Er ist einer der vielen Männer, die es so gut mit ihren Frauen meinen, sich um sie bemühen und ihnen keinen Wunsch versagen können. Er reibt sich für sie auf, aber sie ist nie zufrieden, sie hat immer etwas auszusetzen und lässt ihm keine Ruhe – so lange, bis alles kaputtgeht.«[28]

Dem Fischer geht es, so Jellouschek, nicht wirklich »um seine Frau. Es geht ihm vielmehr darum, dass sie erstens nicht endgültig böse wird und zweitens endlich Ruhe gibt!«[29] Beide, der Fischer und seine Frau, straucheln und versagen in ihrer Partnerbeziehung. Ilsebill scheitert an ihrer Hybris, ihrer exzessiven Arroganz, ihrem grenzenlosen Machtstreben. Und der Fischer scheitert als mutloser, willensschwacher Pantoffelheld; er ist kein Lebenspartner auf Augenhöhe. Der Fischer hat keine eigene Linie, keinen eigenen Standpunkt; er will nur seine Frau nicht verlieren und riskiert damit den Dauerkonflikt.

8. ›Des Kaisers neue Kleider‹

Von der drohenden Möglichkeit eines endgültigen menschlichen Scheiterns erzählt auch das 1837 erschienene Kunstmärchen ›Des Kaisers neue Kleider‹. Der Text stammt aus der Feder des dänischen Dichters Hans Christian Andersen, der sich wiederum von einer – auf eine spanische Vorlage aus dem Mittelalter zurückgehende – Novellensammlung des deutschen Schriftstellers Karl Eduard von Bülow (1803–1853) inspirieren ließ.

Im Schloss eines Kaisers, der Pomp und prachtvolle Kleidung liebt, erscheinen zwei Weber, die behaupten, sie könnten einzigartige Kleider anfertigen, die nicht nur blendend schön, sondern – überdies – für dumme oder für ihre Ämter untaugliche Leute gar nicht sichtbar seien. Hocherfreut über diesen zusätzlichen Nutzen der kaiserlichen Kleider erteilt der Herrscher den Webern den Auftrag. Diese machen sich nur zum Schein an die Arbeit und weben auf leeren Webstühlen. Natürlich können weder der Kaiser noch dessen Minister die angeblich bezaubernden Stoffe sehen. Doch dies einzugestehen würde ja bedeuten, dass sie dumm und unfähig seien. Also tun sie so, als ob sie von den Mustern und Farben entzückt und vollauf begeistert wären.

Bei einer großen Festprozession will sich der Kaiser dem ganzen Volk in seinen neuen Kleidern präsentieren. Da auch das Volk um die besondere Eigenschaft dieser Kleider weiß, gibt niemand zu, dass er keine Kleider sieht – bis ein kleines Kind hinausschreit, der Kaiser sei nackt, er habe ja gar nichts an. Der Vater des Kindes gibt diese Botschaft weiter, bis das ganze Volk es weiß und der Kaiser erkennen muss, dass er sich betrügen hat lassen. Gleichwohl beschließt der Kaiser, durchzuhalten und den Umzug zu Ende zu führen.

So viel steht fest: Der Herrscher blamiert sich vor sich selbst und macht sich vor seinem Hofstaat und dem gesamten Kaiserreich lächerlich. Doch welche *allgemeinen* Wahrheiten lehrt uns das Märchen? Zunächst einmal enthält das Märchen den brisanten Hinweis: Oft kommt es vor, dass Menschen aus Furcht, ihre Position und ihr Ansehen zu verlieren, die offensichtliche Wahrheit nicht aussprechen. Man entscheidet sich zugunsten des eigenen Vorteils gegen die Wahrheit.

Was nun aber könnte sich hinter dem Verhalten und der endlichen Niederlage der Hauptfigur, des Kaisers, verstecken? Wo liegen die tieferen Gründe für sein Scheitern? Der Psychotherapeut und Lehranalytiker Lutz Müller betont in seiner Besprechung des Märchentextes: Viele Menschen haben Angst vor Ablehnung, Demütigung und Verachtung. Sie verbrauchen viel Energie, um durch Verstellung, Tarnung und Täuschung andere für sich einzunehmen und den Eindruck von Selbstsicherheit und Besonderheit zu erwecken.[30] Der Kaiser ist süchtig nach Lob und nach Anerkennung. Was will er eigentlich? Was er – neben seinem Willen zur Macht – vermutlich sucht, sind Anerkennung, Bestätigung, Zuwendung.

Mit seiner inneren Leere aber setzt sich der Kaiser nicht auseinander. Er hat vielleicht niemanden, dem er wirklich vertrauen kann. Er ist isoliert, er ist im Grunde ein sehr einsamer Mensch, der einem leidtun kann. Von einer Frau oder einer anderen intimen Bezugsperson des Herrschers ist im Märchentext nicht die Rede. Vermutlich hat der Kaiser keine seelisch intime Beziehung zu anderen Menschen. Nach Lutz Müller handelt das Märchen von einem verunsicherten Menschen, der weitgehend sich selbst verloren hat und deshalb fixiert ist auf veräußerlichte Selbstdarstellung. Was ihn konkret »in seine schier ausweglose Situation gebracht hat, erfahren wir nicht. Wir können nur vermuten, dass das dauernde Repräsentieren, das dauernde Theaterspielen, der dauernde Zwang, ein vorbildliches Leben zu führen (…), zu seiner tiefen Selbstentfremdung und Selbstentzweiung beigetragen haben.«[31]

Woran der Kaiser unbedingt festhalten will, sind einzig und allein seine ›Statussymbole‹. Dazu Lutz Müller: »Der Kaiser in unserem Märchen befindet sich (…) in einem Zustand der Sinnlosigkeit (…). Er müsste sich, anstatt chamäleonhaft seine Kleider zu wechseln und sich ganz im äußeren schönen Schein zu verlieren, einem inneren Wandlungsprozess unterziehen, der ihn aus dem Gefängnis seiner Fassadenhaftigkeit zu einer erweiterten Seins- und Selbsterfahrung führt.«[32]

Der Kaiser scheitert an sich selbst. Was ihn noch retten könnte, wäre eine radikale Neuorientierung, eine innere Umkehr. Solange er sich einem solchen Reifungsprozess aber verweigert, wird er zwangsläufig seinen Lebenssinn verfehlen.

9. ›Der Rattenfänger von Hameln‹

Märchen sind zeitlos; viele Märchen enthalten eine tiefe menschliche Wahrheit, die immer und überall gilt. Dasselbe trifft auf viele Sagenstoffe zu, die allerdings, im Unterschied zu den Märchen, in der Regel einen historischen Kern haben.

Einen historischen Hintergrund hat vermutlich auch die – von den Brüdern Grimm in ihre Sammlung ›Deutsche Sagen‹ (1816–1818) aufgenommene und oftmals verfilmte – Volkssage ›Der Rattenfänger von Hameln‹. Dieser Text, der die Geschichte eines folgenschweren moralischen Scheiterns beinhaltet, wurde in mehr als 30 Sprachen übersetzt und wird noch heute in vielen Ländern als Unterrichtsstoff in der Schule verwendet. Besonders beliebt ist die Rattenfänger-Sage auch in den USA und in Japan.

Der Sage nach ließ sich im Jahre 1284 in der niedersächsischen Stadt Hameln eine wunderliche Gestalt mit einem kunterbunten Überrock sehen. Der Fremde gab sich für einen Rattenfänger aus und versprach, die Stadt gegen eine angemessene Belohnung von allen Ratten und Mäusen zu befreien. Die Bürger sagten ihm seinen Lohn bereitwillig zu. Der sonderbare Mann pfiff mit seiner Pfeife oder Schalmei eine verlockende Melodie, und sofort krochen die Ratten und Mäuse aus ihren Schlupflöchern und versammelten sich um den Musikanten. Sie folgten ihm aus der Stadt hinaus bis zur Weser, stürzten sich in die Fluten und ertranken im Wasser. Als sich die Bürger von ihrer Plage befreit sahen, bereuten sie jedoch ihr Versprechen und verweigerten dem Mann seinen Lohn – so dass er zornig und verbittert die Stadt verließ.

Später, am Gedenktag der Heiligen Johannes und Paulus,[33] kam der fremde Mann zurück in Gestalt eines Jägers mit verfinstertem Gesicht und einem kecken roten Hut auf dem Kopf. Während alle Erwachsenen in der Kirche versammelt waren, ließ er abermals seine Zauberpfeife in sämtlichen Gassen ertönen. Diesmal aber kamen keine Ratten und Mäuse, sondern kleine Kinder in großer Zahl. Der Mann führte sie zum Stadttor hinaus in einen Berg, wo er mit ihnen verschwand. Die 130 Kinder wurden nie mehr gesehen.

Die Katastrophe ist somit perfekt. Die Hamelner Bürger wollten kurzsichtig den Lohn des Rattenfängers sparen. Mit ihrem Geiz, ihrer fehlenden Dankbarkeit sind sie schmählich gescheitert; denn der unheimliche Mann hat ihnen, als schrecklichen Vergeltungsschlag, ihre Kinder weggenommen. Und auch der Rattenfänger ist menschlich gescheitert – in seiner Verderben bringenden Rachsucht.

In einem metaphorischen Sinne wurde seit dem 19. Jahrhundert das Bild vom verführerisch-faszinierenden Rattenfänger in verschiedensten Varianten rezipiert. So machte man, satirisch-karikaturistisch, den weltberühmten, international als Walzerkönig gefeierten Wiener Kapellmeister und Komponisten Johann Strauss jun. (1825–1899) zur musikalischen Rattenfängerfigur. Ein ähnliches Beispiel: Der Schriftsteller Richard Skowronnek bezeichnete – polemisch und in der Sache meines Erachtens verfehlt – den phantasiebegabten (noch in den 1950er-Jahren bei vielen Jugendlichen mit größter Begeisterung gelesenen) – Abenteuerschriftsteller Karl May als den »großen Rattenfänger«.[34] Nun gut, Karl May (1842–1912) war und ist noch immer in mancher Hinsicht umstritten. Doch durch die Strauss-Musik oder die Karl-May-Lektüre ist wohl noch niemand zu ernsthaftem Schaden gekommen oder gar zugrunde gegangen.

Viel eher kann der Rattenfänger von Hameln als Sinnbild für gefährliche Populisten betrachtet werden, als Allegorie für politische oder religiöse Verführer. Dem Sagentext nach vernachlässigen die Eltern in Hameln ihre Aufsichtspflicht über die Kinder; sie erleichtern dadurch den Übeltätern ihr Handwerk. Bei der Gestalt des Rattenfängers könnten wir beispielsweise an gewissenlose Sektenführer denken oder – allgemein – an Autoritätspersonen, die ihre weltliche oder geistliche Macht (möglicherweise auch sexuell) missbrauchen. Solche verhängnisvollen Übergriffe zählen zu den dunkelsten Kapiteln der Menschheitsgeschichte.

10. Die Nibelungensage

Von einem Scheitern in noch viel größerem Ausmaß als in der Rattenfängergeschichte berichtet die germanische Nibelungensage.[35] Der Sagentext wurde im Lauf der Jahrhunderte in verschiedenen Versionen überliefert. Die schriftliche Form der Sage ist das um 1200 entstandene mittelhochdeutsche Nibelungenlied – ein gigantisches Heldenepos, dessen Text in der heutigen Fassung auf einen unbekannten Dichter zurückgeht.[36]

Der jugendliche, mit übermenschlichen Körperkräften ausgestattete Königssohn Siegfried aus Xanten hat einen »Lindwurm« getötet und sich in dessen Blut gebadet. Das Drachenblut umgab seinen Körper mit einer Hornhaut, einer ›Panzerung‹, die ihn unverwundbar machte. Lediglich am Rücken, an einer kleinen Stelle zwischen den Schulterblättern (auf die während des Badens ein Lindenblatt gefallen war) blieb er verletzlich.

Nachdem Siegfried in einem weiteren Abenteuer den Schatz der Nibelungen geraubt hat, besucht er den Königshof zu Worms. Dort wirbt er um Kriemhild, die für ihre Schönheit bekannte Schwester des Burgunderkönigs Gunther. Dieser stimmt der Brautwerbung nur zu, wenn Siegfried ihm helfen würde, die Königin von Island, die jungfräuliche Brünhild, zur Gemahlin zu gewinnen. Die bärenstarke Brünhild nämlich akzeptiert als Gatten nur einen Mann, der sie in drei Wettkämpfen überwindet. Mit Hilfe einer Tarnkappe kann der unsichtbar gewordene Held die Dame überlisten und sie in ihren Zweikämpfen mit Gunther besiegen – so dass sie diesen, den vermeintlichen Supermann, als ihren künftigen Ehemann anerkennt.

Der Weg ist nun frei für die Doppelhochzeit. Gunther heiratet Brünhild, und Siegfried nimmt Kriemhild zur Frau. Später streiten sich Brünhild und Kriemhild, wer von ihnen den mächtigeren Ehemann besitze. Die beiden Frauen verstricken sich immer mehr in wechselseitigem Hass. Brünhild beschließt mit Gunther, dass Hagen von Tronje, sein engster Berater, Siegfried umbringen solle. Hagen, dem es vor allem um den Schatz der Nibelungen geht, entlockt Kriemhild das Geheimnis von Siegfrieds verletzbarer Körperstelle. So gelingt es ihm, Siegfried bei einem Jagdausflug in den Odenwald hinterrücks mit einem Speer zu töten.

Als Kriemhild von der Ermordung des Ehegatten erfährt, schwört sie den Burgundern grausame Rache. 13 Jahre nach Siegfrieds Tod heiratet sie den Hunnenkönig Etzel und gelangt durch diese Verbindung zu großer Macht. Sie bringt Etzel dazu, ihren Bruder Gunther und Hagen von Tronje zu einem Hoffest im Land der Hunnen einzuladen. Gunther und Hagen gehen in die Falle und ziehen mit großem Gefolge zu Etzel. Es kommt zu heftigen Kämpfen, bei denen die Burgunder unterliegen. Den König Gunther lässt Kriemhild enthaupten und dem Hagen schlägt sie eigenhändig den Kopf ab. Sie selbst wird anschließend von Hildebrand, dem Waffenmeister Dietrichs von Bern (einer der bekanntesten Sagenfiguren des Mittelalters), erschlagen.

Das Nibelungenlied ist *der* Klassiker des Scheiterns schlechthin. Nichts gelingt, alles läuft schief. Auch einen transzendenten, das irdische Dasein überschreitenden Trost gibt es hier nicht. Für mittelalterliche Verhältnisse erstaunlich ist das Nibelungenlied sehr weitgehend areligiös konzipiert; religiöse Elemente finden sich allenfalls ganz am Rande.

Was überhaupt nicht vorkommt, was in diesen Texten vollkommen fehlt, ist eine spezifisch christliche Perspektive – die Botschaft der Barmherzigkeit, der Versöhnung, der Nächstenliebe oder gar der Feindesliebe. Das Unheil nimmt im Nibelungenlied seinen Lauf, es kommt, wie es kommen muss: Alles Gute, alles Schöne, alles Wertvolle wird zerstört und nimmt – wie in den altgriechischen Tragödien – ein schreckliches Ende.

Wie fast alle Mythen-, Märchen- und Sagenstoffe wurde das Nibelungenlied in der belletristischen Literatur, in Film und Theater sehr verschiedenartig rezipiert und interpretiert. Seit der Wiedererschließung des Nibelungenlieds im 19. Jahrhundert gelangten besonders das Trauerspiel ›Die Nibelungen‹ (1861) des Dramatikers und Erzählers Friedrich Hebbel sowie – und vor allem – der vierteilige Opernzyklus ›Der Ring des Nibelungen‹ (1876) des Komponisten und Dichters Richard Wagner zu Weltruhm.

Keine der vielen Deutungen des Sagenstoffs wird leugnen können: Das Nibelungenlied ist ein einziges Trauerspiel. In der Hauptsache geht es um Geld, um Betrug und Mord. Alle Protagonisten scheitern, sie scheitern in ihren privaten Partnerbeziehungen und auch sonst auf der ganzen Linie. Das Ende vom Lied: Nach dem Gemetzel in der Burg des Hunnenkönigs sind alle tot.

Wie fragwürdig und wie verheerend die Botschaft des Nibelungenlieds ist, belegt in fataler Weise das auf die Nibelungensage bezogene, seit der Zeit des Nationalsozialismus gängige Schlagwort ›Nibelungentreue‹. Dieser Begriff meint eine bedingungslose, emotionale, tendenziell ver-

hängnisvolle Treue der Untertanen gegenüber einem dik-
tatorischen System. Gefordert wird eine ›Treue‹ zum ›Führer‹, die den ›Heldentod‹ unzähliger Gefolgsleute und auch
den eigenen Untergang trotzig in Kauf nimmt.

Der Menschensohn ist gekommen,
zu suchen und zu retten, was verloren ist.
Lukas *19,10*

Kapitel II
Scheitern und Gewinnen in biblischen Texten

Das existenzielle Thema ›Scheitern‹ zieht sich durch die gesamte Weltliteratur, auch durch die Schriften der Bibel, des Alten wie des Neuen Testaments. Das große menschheitsgeschichtliche Scheitern beginnt schon mit Adam und Eva. Es geht weiter mit Kain, der seinen Bruder Abel erschlägt. Ja, die Sünden der Menschheit nehmen überhand, so dass Gott in einem gigantischen Strafgericht nahezu die gesamte Erdenwelt vernichtet. Nur Noah und seine Frau, seine drei Söhne und deren Frauen sowie von allen Tierarten jeweils ein Paar überleben (Gen 7–8). Doch trotz des feierlichen, im Zeichen des Regenbogens bekräftigten göttlichen Friedensbundes mit der Schöpfung (Gen 9,8–17) erreicht der menschliche Frevel einen weiteren Höhepunkt im Turmbau zu Babel (Gen 11,1–9).

Zur Summe dieser Katastrophen schrieb der – damals noch nicht aus der Kirche ausgetretene – katholische Theologe Eugen Drewermann in seinem Kommentar zur ›Jahwistischen Urgeschichte‹ (Gen 2–11): Nach dem ursprünglichen ›Sündenfall‹ (Gen 3,1–7) und der Vertreibung des Menschen aus dem ›Paradies‹ (Gen 3,21–24) erwies sich die Menschheitsgeschichte als »ein Sein zum Tode«, als »ein Kreislauf der Vergeblichkeit von Staub zu Staub«, als eine sich fortzeugende Tragödie, die einzig und allein durch eine »Energie der Liebe« zu unterbrechen ist.[1]

In den Texten der Bibel finden wir durchgängig einen Wechsel zwischen menschlichem ›Scheitern‹ und wunderbarer Errettung durch Gottes Erbarmen. So scheitert der Prophet Mose zunächst am störrischen Volk Israel, das sich der Aufforderung Jahwes zum Aufbruch ins »gelobte Land« immer wieder verweigert und sich zurücksehnt nach den »Fleischtöpfen« Ägyptens (Ex 16,3). Das Volk will, um seiner Bequemlichkeit und seiner gewohnten Verköstigung willen, lieber die Versklavung in Kauf nehmen als den steinigen Weg in eine ungemütliche, mit Gefahren verbundene Freiheit zu riskieren.

Auch nach der Verkündigung des Dekalogs, der göttlichen Gebote, auf dem Berg Sinai (Ex 20,2–17) scheitert Mose an der Widerspenstigkeit seines Volkes. Er muss erleben, dass die Israeliten lieber ein »goldenes Kalb«, ein Götzenbild aus Metall, anbeten als der Weisung des Herrn zu gehorchen (Ex 32,1–6). Und dennoch verzeiht Jahwe – auf die Fürbitte des Mose hin – dem treulosen Volk und erneuert seinen Bund mit ihm (Ex 33,7 – 34,35).

Das Grundmuster bleibt immer dasselbe: Um handfester Vorteile willen wendet sich das erwählte Volk Gottes von Jahwe und seiner Verheißung – dem »gelobten Land« Kanaan – ab. Und Gott wandelt das vorläufige Scheitern, die tendenzielle Unheilsgeschichte des Volkes schließlich doch noch in eine unerwartete Heilsgeschichte.

Wir werden sehen: Exemplarisch für Jahwes geheimnisvolles, aus menschlicher Sicht oft völlig unverständliches Handeln sind das grauenvolle Schicksal und die späte Rehabilitierung der Symbolfigur Hiob durch Gott. In anderer, aber ebenfalls unbegreiflicher Weise offenbart sich Jahwe in der erneuerten Heilszusage an den verzweifelten Propheten Jeremia in der Zeit kurz vor Beginn der babylonischen Gefangenschaft des Volkes Israel (597–539 v. Chr.).

Noch wunderbarer erweist sich der göttliche Heilswille in der Errettung des Propheten Elija durch einen »Engel des Herrn« nach dem erfolglosen, ja desaströsen Wirken Elijas im Nordreich Israel. Einen ganz anderen Hintergrund wiederum hat das traurige Scheitern der Symbolgestalt des Propheten Jona. Er flieht vor Gottes Auftrag, den Heiden zu predigen – weil er sich nicht damit abfinden will, dass Jahwe *alle* Völker am Herzen liegen und nicht nur die Israeliten.

Es bleibt spannend zwischen Gott und seinem Volk Israel. Auch im Neuen Testament setzt sich das göttliche Heilswirken durch: angesichts vielfältigen menschlichen Scheiterns. Johannes der Täufer, der den Messias, den Erlöser, ankündigt, scheitert an der Bosheit eines Machtpolitikers und beginnt im Gefängnis, an der göttlichen Wirkkraft des Jesus von Nazareth zu zweifeln. Doch Jesus tröstet ihn und richtet ihn auf, vermittelt durch einen Boten (Mt 11,5).

Nicht zuletzt der Apostel Petrus, der seinen Herrn dreimal verleugnet hat (Mk 14,68–72) und der von Jesus »Satan« genannt wurde (Mt 16,23) – weil er meist nur Irdisches, Menschliches im Sinne hatte, nicht aber Himmlisches, Göttliches – ist an seiner Sendung als Apostel stets und immer wieder gescheitert. Und wurde dann doch noch der »Fels«, auf den Jesus seine »Kirche« bauen will (Mt 16,18).

Jesus selbst ist am Folterinstrument des Kreuzes gescheitert – es sei denn, man sieht seinen Tod mit den Augen des Glaubens: des Glaubens an Jesu Auferweckung durch den göttlichen Vater. Schließt nun dieser Glaube, so kann man fragen, mit ein, dass letztendlich *niemand* scheitern wird und *alle* gerettet werden? Wenn wir den Text der großen Gerichtsrede Jesu (Mt 25,31–46) wörtlich nehmen, scheitert am Ende die halbe Menschheit – weil sie das Liebesgebot Jesu nicht realisiert. Andererseits dürfen und sollen wir (wie heute viele namhafte katholische und evangelische Theologen betonen) fest darauf *hoffen*, dass aufgrund eines unbegrenzten göttlichen Erbarmens niemand in alle Ewigkeit verdammt werden wird.[2]

1. Das Buch ›Hiob‹

Ein schweres, außerordentlich tragisches menschliches Scheitern wird, als grundlegendes und durchgängiges Motiv, im alttestamentlichen Buch ›Hiob‹ (oder auch ›Ijob‹) geschildert. Dieser umfangreiche Text ist nach heutigem Kenntnisstand in mehreren Etappen – in einem theologisch sehr interessanten Wachstumsprozess – wohl zwischen 500 und 100 v. Chr. entstanden. Das Buch ›Hiob‹ geht also mit hoher Wahrscheinlichkeit auf mehrere, theologisch sehr unterschiedlich denkende Autoren zurück. Der Text ist geradezu ein Sammelbecken alttestamentlicher Gottesbilder und Gotteserfahrungen. In vielen Werken der bildenden Kunst, der belletristischen Literatur, der Musik und der Theologie wurde der Hiob-Stoff rezipiert und – kein Wunder – sehr kontrovers ausgelegt.

Zum biblischen Text: In einem mythologischen, literarisch kunstvollen Prolog wird Hiob, ein reicher, erfolgsverwöhnter und bis dato sehr gottesfürchtiger Mann aus dem Lande Ur, vom Satan auf die Probe gestellt. Der Teufel ist davon überzeugt, dass Hiob seine Gottesfurcht verlieren und den Schöpfergott zutiefst hassen werde, wenn seine Leiden nur groß genug wären. Um seine These zu verifizieren, hat der Teufel Gott vorgeschlagen, Hiob zu testen. In einer Art Wette mit dem Teufel hat Gott sich auf dieses Ansinnen eingelassen und dem Satan die Erlaubnis gegeben, Hiob auf ganz entsetzliche Weise zu schikanieren.[3]

Nach einem glücklichen Leben verliert Hiob seinen ganzen Besitz, auch alle seine Söhne und Töchter, zuletzt auch seine Gesundheit. Er erkrankt an einem bösen Geschwür »von der Fußsohle bis zum Scheitel« (Ijob 2,7). Seine Leiden steigern sich ins Maßlose, Unerträgliche. Alles wird ihm fragwürdig, die ganze Schöpfung mit ihren Rätseln und Grausamkeiten. Auch die Bilder und Vorstellungen, die sich Hiob von Gott gemacht hat, halten seiner Leiderfahrung nicht stand. Für den endlos gequälten Mann verdunkelt sich Gott radikal.

Am Anfang seiner Leiden hat Hiob noch nicht aufbegehrt gegen seinen Gott; alle Schicksalsschläge hat er demütig angenommen: »Der Herr hat gegeben, der Herr hat genommen, gelobt sei der Name des Herrn« (Ijob 1,21). In einer später entstandenen Schicht des Buchs ›Hiob‹ wandelt sich jedoch die religiöse Haltung der Titelfigur. In tiefster Depression bleiben dem ehemals so frommen Hiob nur noch Klage und Anklage gegen Gott. Der von Jahwe so bitter im Stich Gelassene ergibt sich seinem Schicksal nicht mehr als ewiger Dulder, er nimmt sein Los nicht mehr als ›gottgegeben‹ hin. Nein, er rebelliert; er hadert mit Gott und verlangt endlich Rechenschaft von dem Herrn da oben (Ijob 10,1–22): »Ich schreie zu dir, doch du hörst mich nicht; ich stehe vor dir und du achtest nicht mein. Du wandelst dich zum grausamen Feind gegen mich, mit deiner starken Hand befehdest du mich«, stellt Hiob seinen Gott zur Rede (Ijob 30,20ff.).

Mit dieser – in mehreren Reden erhobenen – Anklage gerät Hiob an den äußersten Rand des Zerbrechens, des Scheiterns vor allem als *homo religiosus*. Denn die innere Verbindung mit Gott, die er zu verlieren scheint, ist für Hiob das höchste aller Güter. Er scheitert an seinem Elend und er scheitert letztlich an der sogenannten Theodizeefrage, der kaum zu beantwortenden Frage nach dem Woher des Übels, wenn Gott allmächtig und gütig ist.

In den Augen seines Umfelds und auch der eigenen Selbsteinschätzung nach war Hiob ein ›Gerechter‹, ein frommer, Gott wohlgefälliger Mann. Dem biblischen Text zufolge ist sein Schicksal keine Folge von persönlicher Schuld. Somit bringt das Buch ›Hiob‹ eine böse Erfahrung zum Ausdruck, die jedem Menschen zuteilwerden kann – die Erfahrung unermesslichen Leids und grenzenloser Enttäuschung angesichts der Ungerechtigkeit des Schicksals.

Diese Erfahrung erschüttert Hiobs Denken in seinem Fundament. Denn nach verbreiteter jüdischer Auffassung

in den vorchristlichen Jahrhunderten gibt es einen strengen ›Tun-Ergehen-Zusammenhang‹. Auch Hiobs Freunde
meinen, er müsse doch irgendwie gesündigt haben und
werde deshalb von Gott gezüchtigt. Gott selbst aber wendet sich in seinen Antworten an Hiob und dessen Freunde
gegen diese Auffassung: Dass menschliches Leid immer
eine Folge der Sünde sei, dieses Vergeltungsschema weist
Gott im Buch ›Hiob‹ zurück.[4]

2. Ein Scheitern an Jahwe?

Im Finale wendet sich das gesamte Geschehen. Der Teufel
unterliegt, er scheitert an Hiobs radikalem Umdenken, an
dessen Kapitulation vor der Unergründlichkeit Gottes. »So
habe ich denn«, spricht Hiob zu Gott, »im Unverstand ge-
redet über Dinge, die zu wunderbar für mich und unbe-
greiflich sind. (…) Darum widerrufe ich und atme auf, in
Staub und Asche« (Ijob 42,3–6).

Trotz und in aller Aufsässigkeit ist Hiob mit seinem
Gott in einer lebendigen Beziehung, in einer dialogischen
Verbindung geblieben – wenn auch lange Zeit im Modus
der Klage. Im Epilog des Buchs ›Hiob‹ wird der Titelheld
von Gott gerechtfertigt und für seine Standhaftigkeit und
Glaubenstreue belohnt. Er erhält verdoppelten Reichtum
und bekommt mit seiner Frau sieben neue Söhne und drei
neue Töchter. Einen aus meiner – an der Frohbotschaft
Jesu orientierten – Perspektive sehr bitteren Beigeschmack
hinterlässt das Buch ›Hiob‹ aber trotzdem. Wirklich zu-
friedenstellen können dieses Finale und der Buchtext insgesamt nicht.

Die Titelfigur Hiob wird zum rücksichtslos getretenen Spielball einer zynisch anmutenden Wette zwischen Gott und dem Teufel erniedrigt. Außerdem stellen sich gravierende Fragen und Einwände: Können vergangene Leiderfahrungen durch neuen Wohlstand aufgehoben und rückgängig gemacht werden? Können tote Kinder einfach durch neue Kinder ersetzt werden? Hiobs zehn verlorene Kinder bleiben ja tot, genauer gesagt: Sie schmachten und seufzen in der Scheol, einem fürchterlichen, menschenunwürdigen Aufenthaltsort.

In der Scheol, im Totenreich der älteren Schichten des Alten Testaments, gibt es kein Leben, das die Bezeichnung ›Leben‹ verdient. Die Scheol ist keineswegs attraktiver als der griechische Hades oder der römische Orkus. Nur ein höchst unerfreuliches Dasein fristen die Toten in der Scheol.[5] Sehr traurige Gestalten sind die Bewohner der Scheol; von der helfenden Nähe Jahwes, wie sie den Lebenden geschenkt wird, sind sie für immer getrennt (Ps 88,6). Für biblisches Denken das Schlimmste: Die Abgeschiedenen preisen den Herrn nicht, »keiner von allen, die hinabgefahren zur Stille« sind (Ps 115,17). Als gefühllose Schatten brüten sie dahin, am Geschick ihrer Hinterbliebenen können sie keinen Anteil mehr nehmen. Sind geehrt seine Kinder, der Gestorbene weiß nichts davon; denn nur um sich selbst, um sein eigenes Elend grämt sich sein Geist (vgl. Ijob 14,21f.).

Mit dem evangelischen Alttestamentler Hans Walter Wolff muss gesagt werden: Als »gnadenlose Gottesferne«[6] verstehen die älteren Teile der hebräischen Bibel das ›Leben‹ der Toten. Von einer jenseitigen Vollendung des irdischen Lebens im Sinne der Botschaft Jesu ist im Buch

›Hiob‹ jedenfalls nirgendwo die Rede. Aus neutestamentlicher Perspektive also bleibt Hiob ein armer, vom Leben – und vom Jahwe-Gott – betrogener Mensch.

Letztendlich scheitern im Hiob-Buch alle: der Teufel, weil er seine Wette verliert; im Verbund mit Hiob und seinen Kindern scheitert eigentlich die gesamte Menschheit, weil sie zuallerletzt in der dunklen Scheol versinken wird. Ja, im Grunde scheitert auch Jahwe an seinem Retteranspruch: weil es ihm – gemessen am späteren, unbedingt menschenfreundlichen, Gottesbild Jesu Christi – an Barmherzigkeit, an wirklicher Güte fehlt.

In seinem literarisch sehr erfolgreichen Roman ›Hiob‹ (1930) hat der österreichische Schriftsteller Joseph Roth das üble Schicksal des biblischen Titelhelden weitgehend auf den Roman-Protagonisten Mendel Singer, einen orthodox-jüdischen Bibellehrer, übertragen.[7] Die Handlung spielt in einem Schtetl in Ostgalizien im Zarenreich Russland (um 1900) und in New York (bis zum Ende der 1920er-Jahre). Das gesamte Milieu ist von der jüdischen Tradition und ihrem religiösen Ritual bestimmt. Durch schwerste ›Prüfungen‹ jedoch wird Mendels Glauben an einen gütigen Gott ins Wanken gebracht und in seinen Grundfesten erschüttert. Erst am Ende seines Lebens, nach der Wiederbegegnung mit seinem totgeglaubten Sohn Menuchim, findet Mendel Singer zum Gottvertrauen zurück.

Ursprünglich glaubte der damals dreißigjährige Bibellehrer Singer an die »Weisheit des Ewigen«;[8] er hatte keinerlei Zweifel, dass »ein gnädiger und vorsorglicher Gott« die Welt regiere.[9] Für ihn stand fest: Gott »erhört unsere Gebete, wenn wir nichts Unrechtes tun. Wenn wir aber Unrechtes tun, kann er uns strafen.«[10] Er war gefangen in der überlieferten Vorstellung, jedes menschliche Leid sei eine Konsequenz der Sünde und somit eine Strafe Gottes. Doch angesichts seiner immer schlimmer werdenden Unglückserlebnisse kommen ihm zunehmend Zweifel an Gottes Erbarmen. Er verneint nicht die Existenz Gottes, aber er bestreitet – wie der biblische Hiob – Gottes Gerechtigkeit und Liebe: »Alle Jahre habe ich Gott geliebt, und er hat mich gehasst. (...) Alle Qualen der Hölle habe ich schon gelitten. *Gütiger als Gott ist der Teufel.* Da er nicht so mächtig ist, kann er nicht so grausam sein.«[11]

In den Schlusspartien des Romans eskaliert Mendels Zorn auf Gott. Er betet nicht mehr. Und nur um den lieben »Gott zu ärgern«, isst er Schweinefleisch. »Zu hart war Jehovah mit ihm umgegangen.«[12] Mendels Vertrauen auf Glauben scheitert – so sieht es aus – am Theodizeeproblem. Etwa 60 Jahre alt muss er werden, um die »Machtlosigkeit« seiner Wut einzusehen.[13] Und wie durch ein Wunder wird er zuletzt aus seinen Leiden errettet und aus seiner Gottesfinsternis erlöst. Aus theologischer Sicht sehr unbefriedigend bleibt allerdings, dass Mendel Singer im Prinzip daran festhält, dass das Leid eine göttliche Strafe sei – auch wenn diese Strafe zu guter Letzt vielleicht durch göttliche Gnade in Segen verwandelt wird.

3. Der enttäuschte Prophet

In seiner (vorübergehenden) Erbitterung und Verzweiflung ist Hiob kein Einzelfall in der Bibel. Ähnlich wie Hiob empfinden auch andere Symbolgestalten der Bibel, der Prophet Jeremia zum Beispiel.

Die ihnen von Gott selbst gestellte Aufgabe der alttestamentlichen Propheten und Prophetinnen war es, auf den Willen Gottes aufmerksam hinzuhören und das Wort Gottes dem Volk Israel – und in späteren Schichten der hebräischen Bibel auch anderen Völkern – mutig zu verkünden, »sei es gelegen oder ungelegen« (2 Tim 4,2).[14] Bei der Berufung des Jeremia, wohl um 627 / 26 v. Chr., sprach Gott zu ihm: »Noch ehe ich dich im Mutterleib formte, habe ich dich ausersehen, (…) zum Propheten für die Völker habe ich dich bestimmt« (Jer 1,5). Auf den Einwand des Jeremia, er könne »nicht reden« und er sei »noch so jung«, entgegnete der Herr: »Sag nicht: Ich bin noch so jung. Wohin ich dich auch sende, dahin sollst du gehen, und was ich dir auftrage, das sollst du verkünden« (Jer 1,7). Auch des Jeremia Angst vor möglichen Widersachern lässt der Herr nicht gelten: »Fürchte dich nicht vor ihnen; *denn ich bin mit dir, um dich zu retten*« (Jer 1,8).[15]

Gott selbst wird seinem Propheten zur Seite stehen und ihn, sollte es gefahrvoll und beschwerlich werden, aus jeder Not erretten! Was kann da noch Schlimmes passieren! Auf die unbedingte Zusage Jahwes will sich Jeremia verlassen. In späteren Jahren aber – etwa zwischen 620 und 600 v. Chr. – muss er erleben, dass Gott offensichtlich nicht zu seinem Wort steht. Der Prophet macht üble Erfahrungen mit den Adressaten, denen er predigen soll. Besonders unter Jojakim (632–598 v. Chr.), dem Herrscher des Königreichs Juda, dem Jeremia seine massiven Vergehen vorhält, hat der Prophet viel zu leiden. Im Innersten getroffen und angefochten in seinem Glauben, erinnert Jeremia den Herrn Jahwe an dessen Versprechen und klagt:

Weh' mir, meine Mutter, dass du mich geboren, / einen Mann des Streites und des Zankes für alle Welt. / (…) / Fürwahr, Jahwe, ich diente dir doch gut, / ich drang bittend in dich für den Feind / zur Zeit seines Unglücks und zur Zeit seiner Bedrängnis. / (…) / Jahwe, gedenke meiner und nimm dich meiner an! (Jer 15,10–15)[16]

Des Propheten Klage kippt – ähnlich wie bei Hiob – um in harsche *Anklage* gegen den vermeintlich unerbittlichen und wortbrüchigen Gott Jahwe:

Ich saß (und sitze) nicht im vertrauten Kreis der Fröhlichen, / dass ich mich freute. / Um deiner Hand willen sitze ich einsam da, / denn mit Fluch hast du mich angefüllt. / Warum dauert mein Schmerz denn ewig / und warum ist meine Wunde unheilbar, / da sie sich weigert zu heilen? / Fürwahr, du bist mir wie ein Trugbach, / dessen Wasser unzuverlässig ist! (Jer 15,17f.).[17]

An anderer Stelle wirft Jeremia seinem Gott vor: »Du hast mich betört, o Herr, und ich ließ mich betören; du hast mich gepackt und überwältigt. Zum Gespött bin ich geworden den ganzen Tag, ein jeder verhöhnt mich« (Jer 20,7). Zu diesen, theologisch brisanten, Bibelpassagen erläutert der katholische Alttestamentler Rudolf Kilian:[18] Da Jeremia Gott mit einem »Trugbach« vergleicht, das heißt mit einem Gewässer, das in der Trockenzeit versiegt und den nomadischen Wüstenbewohnern zur tödlichen Falle wird, setzt der Prophet in seiner Anrede an Jahwe, den *einen* Gott, diesen Jahwe praktisch auf dieselbe Stufe mit den *Götzen*, den trügerischen, ohnmächtigen Göttern der *Heiden*.

Einen heftigeren Vorwurf an die Adresse Jahwes kann es für einen gläubigen Juden nicht geben. Denn in der hebräischen Bibel kann man – so Rudolf Kilian – eher alles andere anzweifeln »als das Dogma von der Treue und Zuverlässigkeit Jahwes und seiner Erhabenheit über die Götter«.[19]

Jahwe indessen nimmt dem Jeremia seinen Trotz gar nicht übel. Vielmehr wiederholt und bekräftigt er seine ursprüngliche Heilszusage: »Ja, ich rette dich aus der Hand der Bösen, ich befreie dich aus der Faust der Tyrannen« (Jer 15,21).

4. Der Gottesmann Elija

Ähnlich wie Jeremia erging es dem Propheten Elija, der im zweiten Viertel des 9. Jahrhunderts vor Christus im Nordreich Israel wirkte. Im (wohl auf das 6. vorchristliche Jahrhundert zurückgehenden) ›Deuteronomistischen Geschichtswerk‹, im Ersten Buch der Könige, erfahren wir über den erschöpften, tieftraurigen Propheten Elija, dass ihn sein Weg in die Wüste Negev führte und er gewissermaßen selbst zur ›Wüste‹ wurde – ohne inneres Leben, ohne Hoffnung, ohne Perspektive (1 Kön 19,1–13).[20] Resigniert setzte er sich unter einen Ginsterstrauch und wünschte sich von Gott den baldigen Tod: »Nun ist es genug, Herr. Nimm mein Leben; denn ich bin nicht besser als meine Väter« (1 Kön 19,4).

Was ging dem voraus? Voller Eifer und Leidenschaft hat sich Elija für Jahwe, den einzigen Gott Israels, eingesetzt. Die 450 heidnischen Priester, die dem Kult des Fruchtbarkeitsgottes Baal frönten, hat er am Bach Kischon mit dem Schwert erschlagen lassen. Jetzt aber wird er verfolgt; die aus Phönizien stammende israelische Königin Isebel (die ihren Gatten, den König Ahab, zur Verehrung der phönizischen Götter verleitete) trachtet dem Propheten Elija nach dem Leben. Elija hat Angst, er hat ein schlechtes Gewissen; er ist auf der Flucht, alles in ihm bricht zusammen, auch sein Vertrauen auf Jahwe.

Der Prophet Elija hat, so würde man heute sagen, ein ›Burn-out‹, eine schwere Depression mit religiösem Hintergrund. Er ›steckt den Kopf in den Sand‹, er will nur noch schlafen und nicht mehr aufwachen. Elija sieht sich in einer ›Sackgasse‹, er hadert mit sich selbst und mit seinem Gott; er leidet unter seinem Misserfolg, seinem Schuldgefühl, seinem kläglichen Scheitern. Doch immerhin ist ihm noch eine letzte Ressource geblieben: seine, wenn auch gestörte, persönliche Gottesbeziehung. Klagend und jammernd bringt er sein Gefühl des grenzenlosen Verlassenseins vor Jahwe. Und Gott hört ihm zu, er schickt ihm neue Lebenszeichen, nämlich Brot und Wasser, dann die Berührung durch einen Engel, schließlich das aufmunternde Engelswort »Steh auf und iss!« (1 Kön 19,5).

Doch erst nach einer zweiten Berührung durch den Engel des Herrn wirkt die göttliche Kraftquelle. Erst jetzt kann sich Elija erheben und sich erneut auf den Weg machen – zum Gottesberg Horeb. Das vermeintliche ›Scheitern‹ wird somit für Elija zu einem begnadeten Neuanfang, zu einer erneuerten Bereitschaft, am Leben zu bleiben und Gottes Wort zu verkünden.

Auf dem Berg Horeb wird dem Propheten Elija eine völlig unerwartete, eine vertiefte Gotteserfahrung zuteil. Gott offenbart sich ihm nicht auf spektakuläre Weise, nicht in einem Wirbelsturm, nicht in einem Erdbeben, nicht in einer Feuersäule, sondern in der Stille – in einem »sanften, leisen Säuseln« (1 Kön 19,12).

Der Herr schickt den aufatmenden, innerlich befreiten Elija zurück durch die Wüste nach Damaskus, wo er den Elischa zu seinem Nachfolger salben soll. Zuletzt – in einer phantastischen mythologischen Wendung – wird Elija auf einem feurigen Wagen mit feurigen Rossen in den Himmel vor das Angesicht Gottes entrückt (2 Kön 2,1– 18).

Von einem Scheitern des Propheten Elija kann jetzt natürlich nicht mehr die Rede sein. Nach einem ambivalenten Prophetenleben, nach großen, zum Teil wahrscheinlich selbst verschuldeten Misserfolgen, nach vielen Irrungen und Wirrungen wird – so könnte man sagen – der gute Kern seines irdischen Daseins durch ein göttliches ›Eingreifen‹ nicht nur bewahrt, sondern wunderbar erhöht. Die Existenz des Elija wird himmelweit emporgehoben, sie wird hineinverwandelt in den göttlichen Bereich.

5. »Nimm mir das Leben, o Herr!«

Ganz anders verhält es sich beim Propheten Jona – einer fiktiven literarischen Figur. Das (wohl um den Wechsel vom 4. ins 3. Jahrhundert vor Christus entstandene) Buch ›Jona‹ ist, was seine literarische Gattung betrifft, eine ›Lehrerzählung‹ mit einem religionspädagogischen Ziel: Der Titelheld und das gesamte ›auserwählte‹ Volk Israel sollen lernen, dass Gott *alle* Völker liebt und nicht nur das kleine Israel.[21]

Der hebräische Jahwe-Verehrer Jona kann als Symbolgestalt für menschliches Scheitern gesehen werden – und zugleich als poesievolles Exempel für den universalen Heilswillen Gottes. Zu Beginn der biblischen Erzählung erhält Jona vom Gott Jahwe den Auftrag, in der heidnischen Stadt Ninive zu predigen und die Bewohner zu Umkehr und Buße aufzufordern. Jona aber will sich nicht nach Ninive aussenden lassen. Er will sich der göttlichen Weisung entziehen, indem er auf einem Schiff nach Tarschisch flieht, »weit weg vom Herrn« (Jona 1,3).

Jona flieht also vor Gott. Er flieht bei einem Seesturm in den untersten Raum des Schiffes; er lässt sich, um dem Auftrag des Herrn endgültig zu entkommen, von den Matrosen in die Tiefe des Meeres werfen. Dort wird er von einem großen Fisch verschlungen und verbringt drei Tage und drei Nächte im Bauch des Seeungeheuers.

Aus der »Tiefe der Unterwelt« (Jona 2,3) schreit er zu Jahwe um Hilfe und wird erhört. Der Fisch spuckt den Jona ans Land. Und der Prophet erhält nun zum zweiten Mal den Auftrag, in Ninive den drohenden Untergang zu verkünden: »Noch vierzig Tage, und Ninive wird zerstört!« (Jona 3,4). Erstaunlicherweise hat Jona mit seinem Buß-Appell einen glänzenden Erfolg: Der König von Ninive und alle Bewohner der Stadt hüllen sich in Sack und Asche; sie bereuen ihre Missetaten und wenden sich von ihrem

Unrecht ab. Und siehe da – Gott erweist sich als gnädig und verschont die Stadt und ihre Bewohner.

»Das missfiel Jona ganz und gar und er wurde zornig. Er betete zum Herrn und sagte: Ach Herr, habe ich das nicht schon gesagt, als ich noch daheim war? Eben darum wollte ich ja nach Tarschisch fliehen; denn ich wusste, dass du ein gnädiger und barmherziger Gott bist, langmütig und reich an Huld und dass deine Drohungen dich reuen« (Jona 4,1f.). In seinem Groll, in seinem übergroßen Verdruss bittet er Jahwe: »Darum nimm mir jetzt lieber das Leben, Herr! Denn es ist für mich besser zu sterben als zu leben« (Jona 4,3).

In seinen eigenen Augen ist Jona als Jahwes Prophet gänzlich gescheitert. Mürrisch verlässt er die Stadt in Richtung Osten und setzt sich traurig unter ein Laubdach. In seiner Güte lässt Gott einen Rizinusstrauch über Jona emporwachsen, der seinem Kopf zusätzlichen Schatten geben und seinen Ärger vertreiben soll. Jona freut sich darüber sehr. Als aber am nächsten Tag der Strauch verdorrt und Jona vor Hitze fast ohnmächtig wird, möchte er, wie schon am Tag zuvor, sterben. Und wiederum versucht er, seinen Zorn Gott gegenüber zu rechtfertigen. Der Herr aber spricht zu ihm:

> Dir ist es leid um den Rizinusstrauch, für den du nicht gearbeitet und den du nicht großgezogen hast. (…) Mir aber sollte es nicht leid sein um Ninive, die große Stadt, in der mehr als hundertzwanzigtausend Menschen leben, die nicht einmal rechts und links unterscheiden können – und außerdem so viel Vieh? (Jona 4,11)

Das Paradox: Jona scheitert als Prophet, als beauftragter Künder des göttlichen Heilswillens, nicht etwa deshalb, weil er – wie die Propheten Elija, Jeremia oder Hosea – über Misserfolge im Sinne eines Fehlschlags seiner Predigten zu klagen hätte.

Ganz im Gegenteil, er hat Angst vor dem möglichen *Erfolg* seiner geharnischten Bußpredigten. Jona möchte, dass Ninive vernichtet wird. Er wünscht sich, dass die heidnischen Bewohner der Stadt allesamt in der Hölle braten. Umso schlimmer wirkt es auf ihn, dass Gott auf sein Strafgericht völlig verzichtet.

Wird Jona aus seiner Enttäuschung, aus seinem Gefühl des Gescheitertseins, am Ende herausfinden? Wird er die Lehre, die Gott ihm erteilt hat, letztendlich akzeptieren? Wird er sich bekehren zu einem neuen Gottesbild? Wird er sich hinwenden zu einem menschenfreundlichen Gott? Zu einem Gott, der nichts anderes als universale, die gesamte Schöpfung umfassende Liebe ist? Der alttestamentliche Text lässt alle diese Fragen offen.

6. Der Täufer im Gefängnis

Das Alte Testament enthält, wie wir sahen, sehr unterschiedliche Gottesbilder. Im Neuen Testament aber – in den Gleichnissen und Predigten des Jesus von Nazareth – begegnet uns ein Gott, von dem es in einem Spitzensatz des Evangelisten Johannes kurz und bündig heißt: »Gott ist die Liebe« (1 Joh 4,8.16).

Jesus, dem Verkünder dieser göttlichen Liebe, ging die adventliche Gestalt Johannes des Täufers voraus. Dessen öffentliches Wirken in Bethanien östlich des Flusses Jordan begann um die Jahre 26/27 oder 29/30 n. Chr. Diesen jüdischen ›Vorläufer‹ Jesu Christi, den wagemutigen und kompromisslosen Bußprediger Johannes, könnte man als Prototyp eines Menschen bezeichnen, der ein anstrengendes Leben führte im Grenzbereich zwischen ›scheitern‹ und ›doch nicht scheitern‹.

Von einem »Engel des Herrn« wurde dem Tempelpriester Zacharias, einem gottesfürchtigen Mann im fortgeschrittenen Alter, die Geburt eines Sohnes Johannes angekündigt. Der Evangelist Lukas berichtet über diese Verheißung des Engels: »Wein und andere berauschende Getränke wird er [Johannes] nicht trinken, und schon im Mutterleib wird er vom Heiligen Geist erfüllt sein. Viele Israeliten wird er zum Herrn, ihrem Gott, bekehren« (Lk 1,15f.).

Ja, der – in der christlichen bildenden Kunst oftmals dargestellte – Volksprediger Johannes war zweifellos ein strenger Asket. Er »trug ein Gewand aus Kamelhaaren und einen ledernen Gürtel um seine Hüften, und er lebte von Heuschrecken und wildem Honig« (Mk 1,6). Schon rein äußerlich war er ein ›auffälliger‹ Typ. Er führte kein ›bürgerliches‹ Leben, er war kein ›normaler‹ Mensch, der es sich in dieser Welt bequem eingerichtet hat.

In Anlehnung an den alttestamentlichen Propheten Jesaia berichtet der Evangelist Markus über Johannes: »Eine Stimme ruft in der Wüste: Bereitet dem Herrn den Weg! Ebnet ihm die Straßen!« (Mk 1,3). Das Resultat dieses Rufes: »Ganz Judäa« und »alle Einwohner Jerusalems zogen zu ihm hinaus« (Mk 1,5). Sie bekannten ihre Sünden und ließen sich im Jordan von Johannes taufen.

Der Prophet Johannes kam in seinem Umfeld bestens an. Er hatte einen großen Jüngerkreis, er erhielt gewaltigen Zulauf. Die Leute schwärmten von ihm, manche meinten schon, er sei der Messias, der sehnlichst erwartete Erlöser. Ja, des Johannes' Leben und Streben wurde – so sah es anfänglich aus – mit dem allergrößten Erfolg gekrönt.

Allerdings ging es Johannes nicht um sich selbst, nicht um seinen Ruhm in den Augen der Welt. Nein, er wies von sich, von seiner eigenen Leistung weg, um auf einen anderen, auf einen Größeren zu zeigen – auf Jesus von Nazareth. Extrem bescheiden verkündete Johannes in der Wüste:»Nach mir kommt einer, der ist stärker als ich; ich bin es nicht wert, mich zu bücken, um ihm die Schuhe aufzuschnüren« (Mk 1,7).

Obwohl sich auch Jesus von Johannes im Jordan taufen ließ, gilt der Täufer in den Evangelien als zweitrangig, als dem Herrn Jesus Christus klar untergeordnet. Möglicherweise wollten die Evangelisten die Bedeutung des Johannes mit Absicht etwas herunterspielen, um die Erstrangigkeit Jesu umso strahlender herauskommen zu lassen.[22] Der – mit dem Täufer nicht zu verwechselnde – Evangelist Johannes definierte das Rangverhältnis Jesus – Johannes so: Der große, von Gott gesandte Prophet Johannes »war nicht selbst das Licht, er sollte nur Zeugnis ablegen für das Licht« (Joh 1,8).

Historisch gesichert ist: Das Leben des Täufers Johannes endete mit einem Fiasko, mit einem Martyrium. Kurz nachdem er Jesus getauft hatte, wurde Johannes von dem grausamen jüdischen Herrscher Herodes Antipas – weil er diesen wegen seines grob unsittlichen Lebenswandels kritisiert hatte – gefangen genommen und ins Gefängnis geworfen. Nach der Darstellung des Evangelisten Matthäus hörte Johannes im Gefängnis von den Taten Jesu und ließ ihn durch einen seiner Jünger fragen: »Bist du der, der kommen soll, oder müssen wir auf einen andern warten?« (Mt 11,3).

Des Johannes Tod steht nahe bevor. Und jetzt beginnt er, an Jesus zu zweifeln. Ist der Mann aus Nazareth wirklich der Richtige, ist er wirklich der von Gott gesandte Heilsbringer? Oder hat sich Johannes vergeblich für Jesus engagiert? Ist er mit seiner Parteinahme für Jesus – und hiermit seinem ganzen Lebenswerk – hoffnungslos gescheitert?

Wir wissen nicht, was sich in der Todeszelle im Herzen Johannes' ereignet hat. Fest steht nur, dass er hingerichtet wurde. Den Evangelisten Markus und Matthäus zufolge hat Herodias, die zweite Frau des Herodes, ihre schöne Tochter dazu angestiftet, von Herodes den Kopf des Johannes als Belohnung für einen erotischen Tanz zu fordern. Dieser grässliche Wunsch wurde ihr von Herodes erfüllt. Auch dieses Motiv, die Enthauptung Johannes des Täufers, wurde in der bildenden Kunst des Christentums vielfach dargestellt.

Ob das Martyrium des Täufers zugleich dessen Scheitern bedeutet oder vielmehr dessen endgültige Erlösung aus den Finsternissen einer von Unheil bedrohten Welt, ist keine historische Frage; es ist eine Frage des Glaubens. Nach christlicher Überzeugung wurde Johannes der Täufer, als einer der größten Heiligen, in die Herrlichkeit des Himmels aufgenommen.

7. Die anstößige Botschaft Jesu

In mancher Hinsicht ähnlich wie Johannes der Täufer verkündete Jesus von Nazareth das »Reich Gottes«: die unmittelbare Nähe eines Gottes, der jeden Einzelnen kennt und wertschätzt.[23] Wie Johannes der Täufer rief er die Menschen zur persönlichen Entscheidung für Gott und den göttlichen Heilswillen auf: »Kehrt um und glaubt an das Evangelium!« (Mk 1,15).

Das »Reich Gottes« meint bei Jesus sowohl das künftige »ewige« Leben im Jenseits als auch das gegenwärtige Leben auf Erden. Jesu Verkündigung hat einerseits die ›Vertikale‹ im Blick (die Verbindung der Menschen mit Gott) und andererseits die ›Horizontale‹ (die Verbindung der Menschen untereinander).[24] Gleichzeitig übte Jesus immer wieder scharfe Gesellschafts- und Sozialkritik in der Tradition alttestamentlicher Propheten wie Amos oder Jeremia. Er legte sich – wie Johannes der Täufer und viele Propheten des Alten Testaments – mit den Mächtigen an: mit denen, die auf sich stolz sind und sich selbst für ›gerecht‹ halten.

Neben den offenkundigen Parallelen zum Umkehr-Ruf Johannes des Täufers bestehen zwischen der Heilsbotschaft Jesu und der Verkündigung des Johannes auch markante Unterschiede.[25] Die Bewegung, die Jesus auslöste, war nicht so sehr eine Bußbewegung (wie bei Johannes), sondern viel eher eine »Sammlungsbewegung«.[26] Jesus wollte gerade *nicht* die »Gerechten« von den »Ungerechten« trennen. Vielmehr wollte er *alle* Menschen mit Gott und untereinander verbinden. Anders gesagt: Jesus verkündete die Gottesherrschaft nicht als Gericht im Sinne des jüdischen Gesetzes, sondern als Erbarmen Gottes mit denen, die seiner Barmherzigkeit am meisten bedürfen. Der Nazarener solidarisierte sich ausdrücklich mit den Benachteiligten, den vom Mose-Gesetz Verurteilten (vgl. Joh 8,1–11), den Rechtlosen, den Verachteten, den Verfemten. Besonders denen, die sich als Sünder bekennen, wandte er sich zu, mit Güte und Empathie.

Als der »gute Hirte« (Joh 10,1–18), der den Verlorenen, den Armen und den Sündern nachgeht, wusste sich Jesus gesandt. In den Gleichnissen vom verlorenen Schaf, von der verlorenen Drachme und vom verlorenen Sohn (Lk 15) machte er klar: Nicht um zu »richten« ist er gekommen, sondern um »zu suchen und zu retten, was verloren ist« (Lk 19,10). Jesus war der Freund aller, gerade auch der religiös und sozial Heruntergestuften, der Schutzbedürftigen, der Ausgegrenzten, der ›Randgruppen‹, der ›Unterprivilegierten‹ der damaligen (und der heutigen) Gesellschaft. Er brachte die gängigen Maßstäbe durcheinander und relativierte sie von Grund auf: Die Letzten werden die Ersten sein, die Weinenden werden sich freuen, die Hungrigen werden gesättigt, die Kleinen werden groß und die Gefangenen werden frei. In dieser Neu-Ordnung erfüllt sich, so predigte Jesus, Gottes Verheißung (Lk 4,21) und bricht das Reich der göttlichen Liebe an.

Ohne Berührungsscheu verkehrte Jesus mit »Zöllnern und Sündern«. Angstfrei überschritt er Grenzen; er brach mit Traditionen, er ignorierte beispielsweise die jüdischen Speisevorschriften. Augenfällig – und für ihn sehr gefährlich – war sein souveräner Umgang mit dem mosaischen Gesetz. Das Wohl des Menschen stellte Jesus höher als religiöse Gesetze und Rituale. Denn alles, auch das mosaische Gesetz mit seinen Geboten und Verboten, hat dem *Menschen* zu dienen.

In Notsituationen hielt sich Jesus – wie in den Evangelien immer wieder hervorgehoben wird – nicht an das Sabbatgebot. Er handelte sehr ›liberal‹: Wo die Religion den Menschen nicht frei macht, wo sie die belebende Gemeinschaft der Menschen mit Gott und der Menschen untereinander nicht fördert, sondern blockiert, wo sie den Menschen unnötig »schwere Lasten« (Lk 11,46) auflädt, sie unterdrückt und versklavt, da gilt Jesu kategorisches Wort »Der Sabbat ist für den Menschen da, nicht der Mensch für den Sabbat« (Mk 2,27).

Jesu kämpferischer Widerstand galt denen, die der Liebe entgegenstehen, die über andere Menschen herrschen und nicht für sie leben. Die Frage liegt nahe: Hatte der ›Gottessohn‹ mit seiner anstößigen, ja skandalösen Botschaft auf die Dauer Erfolg? Konnte er sich, als von Gott Gesandter, mit seinem zuinnerst religiösen und zugleich menschenfreundlichen Programm durchsetzen? Oder ist er zuletzt doch gescheitert?

Die Adressaten der Botschaft Jesu reagierten unterschiedlich. »Viele von ihnen sagten: Er ist von einem Dämon besessen und redet im Wahn. Warum hört ihr ihm zu? Andere sagten: So redet kein Besessener. Kann ein Dämon die Augen von Blinden öffnen?« (Joh 10,20f.).

Besonders wenig Erfolg hatte der Mann aus Nazareth in seiner Heimatstadt. Die Leute »nahmen Anstoß an ihm und lehnten ihn ab. Da sagte Jesus zu ihnen: Nirgends hat ein Prophet so wenig Ansehen wie in seiner Heimat und in seiner Familie. Und wegen ihres Unglaubens tat er dort nur wenige Wunder« (Mt 13,55f.). In erster Linie aber waren es nicht die Nazarener, sondern Jesu mächtige Gegner in der Jerusalemer Hierarchie des religiösen Judentums, die ihn anfeindeten und ihn schließlich zu Fall brachten.

8. Der Gekreuzigte

Jesus, der etwa 30-jährige Wanderprediger in Galiläa, scheute nicht den Konflikt mit den Führern des Judentums, den Vertretern der offiziellen Religion. Vor allem bei den ›Rechtgläubigen‹, den »Pharisäern und Schriftgelehrten«, eckte er ständig an. Gerade dieser Kollisionskurs dürfte ihm, irdisch gesehen, zum Verhängnis geworden sein. Vordergründig hat Jesus seinen Kampf für das Gute und gegen das Unrecht jedenfalls verloren. Denn er wurde umgebracht auf die grausamste Art.

Jesu Tod am Kreuz wurde gelegentlich mit dem Tod des griechischen Philosophen Sokrates (469–399 v. Chr.) verglichen.[27] Sokrates wie auch Jesus waren Menschenfreunde; beide Weisheitslehrer hatten in ihrem subversiven Verhalten eine außerordentlich wirkmächtige Ausstrahlungskraft; beide waren schuldlos und wurden zu Unrecht verurteilt; und beide glaubten an ein Weiterleben nach dem Tod. Im großen Unterschied zum – in Platons Dialog ›Phaidon‹ geschilderten – Tod des Sokrates starb Jesus von Nazareth freilich keinen ›schönen‹ Tod.[28] Er starb nicht, wie Sokrates, in heiterer Gelassenheit. Er starb keinen sanften, keinen heroischen Tod. Vielmehr hat er geschrien vor unerträglichem Schmerz. Er hatte Angst; am Ölberg hatte er den göttlichen Vater angefleht, dieser Kelch möge an ihm vorübergehen (Mk 14,36).

Doch der Kelch ging nicht an ihm vorüber, er musste ihn trinken bis zur bitteren Neige. »Mein Gott, warum hast du mich verlassen?« (Ps 22,2), klagte der alttestamentliche Beter in seiner Verzweiflung. Und auch Jesus schrie am Kreuz diese Worte dem himmlischen Vater entgegen (Mk 15,34).

Die *Anklage* gegen Gott kann umschlagen in die *Absage* an Gott, ja in die Bestreitung der Existenz Gottes. Aber der Aufschrei kann auch eine Form des *Gebetes* sein. Er kann die Weise sein, wie der Leidende mit Gott ›im Gespräch‹ bleibt und – gleich dem geschundenen Hiob – die Verbindung mit dem göttlichen Du nicht abreißen lässt. Mit den Worten des Psalmisten »Vater, in deine Hände lege ich meinen Geist« (Ps 31,6; Lk 23,46) starb Jesus am Kreuz – im Vertrauen, dass der Vater im Himmel ihn nicht fallen lassen werde. Ja, er starb im Glauben, dass Gott sich zu ihm bekennen und ihn *auferwecken* werde in Herrlichkeit.

Jesus war insofern dem göttlichen Vater »gehorsam bis zum Tod« (Phil 2,8) und er hat insofern den Willen des Vaters am Kreuz besiegelt, als er seiner Botschaft von der bedingungslosen Liebe Gottes bis zur letzten Konsequenz treu geblieben ist. In der Darstellung der Evangelisten wird Jesu Sterben deshalb zum Inbegriff eines *angenommenen*, eines in vollkommener Hingabe an Gott *bejahten* Sterbens.

In der Folge wurde und wird in der christlichen Theologie der Tod Jesu meist als ›Opfer‹ verstanden. Der Begriff des ›Opfertodes‹ ist freilich keineswegs unproblematisch. Er hat zwar eine veritable biblische Grundlage, wurde aber oftmals – vor dem Hintergrund der berühmt-berüchtigten ›Satisfaktionslehre‹ des Philosophen, Theologen und Kirchenlehrers Anselm von Canterbury (um 1033–1109) – missverstanden.[29] Wohl alle heutigen Theologen sind sich darin einig: Nicht weil der himmlische Vater es wollte, nicht weil – wie Anselm von Canterbury es nahelegte – ein unendlich beleidigter Rachegott durch ein blutiges Menschenopfer versöhnt werden musste, wurde Jesus entsetzlich gefoltert und ans Kreuz genagelt. Nein, er starb, weil skrupellos machtgierige *Menschen* es wollten.

Die Kreuzigung war die fürchterlichste und verächtlichste Todesart, die im römischen Reich verhängt wurde, und zwar ausschließlich über ärgste ausländische Verbrecher oder rebellische Sklaven. Wer nun, so kann gefragt werden, war ›schuld‹ am Tod Jesu?

Wenn wir den neutestamentlichen Berichten folgen, vor allem dem vierten Evangelium (Joh 18,28–40; 19,1–16), kann der Eindruck entstehen: Der Statthalter Pontius Pilatus, der Repräsentant des römischen Kaisers Tiberius in den Provinzen Judäa und Samaria, tat alles, um die Kreuzigung Jesu zu verhindern und den Beschuldigten freizulassen. Doch Pilatus scheiterte mit diesem Versuch einer ›Begnadigung‹ Jesu, weil ihn die Anführer der Juden – die zu Unrecht behaupteten, Jesus beanspruche die Königswürde in Judäa – in ein Dilemma brachten: »Wenn du ihn freilässt, bist du kein Freund des Kaisers; jeder, der sich als König ausgibt, lehnt sich gegen den Kaiser auf« (Joh 19,12).

Ob diese Darstellung des Evangelisten dem tatsächlichen Sachverhalt entspricht, ist allerdings unsicher. Möglicherweise klingt hier ein frühchristlicher ›Antisemitismus‹ an, der tendenziell die römischen Instanzen entschuldigen und die jüdischen Rädelsführer umso mehr belasten wollte. Doch wie auch immer es gewesen sein mag – ob nun die römische Besatzungsmacht die unmittelbare Schuld am Justizmord an Jesus traf oder ob die religiösen Führer der Juden die eigentlich Verantwortlichen waren, dies mag aus historischer Sicht eine interessante Frage sein; theologisch gesehen aber ist diese Frage bedeutungslos. Die durch Christen erfolgte Beschimpfung und Verurteilung ›der‹ Juden als ›Gottesmörder‹ war und ist jedenfalls blanker Unfug. Nicht ›die Juden‹, sondern selbstgerechte, auf ihre Machtposition bedachte Unrechtstäter, welcher Volks- und Religionszugehörigkeit auch immer, haben Jesus umgebracht.

9. Der Auferstandene

Jesus wurde zu Unrecht verurteilt und auf brutalste Weise exekutiert, weil er – so der Seelsorger und Dominikanertheologe Johannes B. Brantschen – »den Widerstand der Frommen und Orthodoxen seiner Zeit herausgefordert hat«.[30] Doch kommen wir zurück auf die theologische Frage nach der *Deutung* des Todes Jesu. Schon im Neuen Testament finden wir unterschiedliche Auffassungen. Zwar wird Jesu Tod durchgängig als ›Heilstod‹, als ›Erlösungstod‹ angesehen. Von einem ›Sühnetod‹ aber spricht nur Paulus.

In den Evangelien indessen ist nie von einem Sühnopfer die Rede.[31] Jesus riskiert bewusst das Martyrium, aber sein Handlungsmotiv ist allein die Liebe zu Gott und den Menschen. Dazu erklärt der katholische Neutestamentler Gerd Häfner: »Wer den Tod Jesu ohne Rückgriff auf den Sühnegedanken deutet, geht (...) auf Pfaden, die vom Neuen Testament her gespurt sind. So könnte man die Botschaft, der Tod Jesu sei ›für uns‹ geschehen, auf die Treue Jesu zu seiner Verkündigung beziehen: Auch angesichts der tödlichen Gefahr weicht Jesus nicht zurück, sondern hält an seiner Botschaft vom zuvorkommend gütigen Gott fest.«[32]

Gleichwohl stellt sich – wie schon bei den alttestamentlichen Propheten und bei Johannes dem Täufer – die Frage: Ist Jesus gescheitert? Impliziert das Kreuz von Golgatha das ›Aus‹ für seine Botschaft? Oder hat sein Sterben, wie die neutestamentlichen Schriften übereinstimmend bekunden, einen höheren *Sinn*, eine *Heilsbedeutung* für die Menschheit?

Nach der Meinung vieler Zeitgenossen in Jesu Umfeld – und noch heute im Urteil vieler Menschen – hatte sein Tod überhaupt keinen Sinn. Das Schandmal des Kreuzes bewies für sie nur den totalen *Fehlschlag* von Jesu Sendung und Auftrag. Jesu Gegnern und Feinden war das Kreuz nur Anlass zum Spott und zum Hohn. Ein Mensch stand erniedrigt und gefesselt vor seinem Richter; um den Leib ein purpurner Mantel – wie ein König in seinem Ornat, allerdings mit einem Dornenkranz als Krone und einem Schilfrohr als Zepter. Ja, da hatte man etwas zum Lachen und Spotten: »Heil dir, König der Juden!« (Joh 19,3).

Christen sehen das anders. Fakt ist: Als Institution ist das Christentum eine Erfolgsgeschichte. Es wurde gegen Ende des 4. Jahrhunderts, infolge der ›Konstantinischen Wende‹, im ost- und weströmischen Reich zur Staatsreligion erhoben. Doch nicht nur institutionell trat das Christentum einen Siegeszug an. Vor allem auch *spirituell* erwies sich der christliche Glaube – in Verbindung mit einer bedingungslosen Liebe zu Gott und zur gesamten Schöpfung – als überaus fruchtbar. Ich denke an die große Schar der Nachfolger / innen Jesu, an (auch kulturgeschichtlich) bedeutende Heilige wie Benedikt von Nursia, Franz von Assisi, Hildegard von Bingen, Teresa von Ávila oder Johannes vom Kreuz. Ich denke aber auch an zahllose unbekannte, in keinem Kalender verzeichnete Heilige, die auf ihre, äußerlich vielleicht ganz unscheinbare, Art die Frohbotschaft Jesu bezeugten.

Trotzdem – aus vorösterlicher Sicht ist Jesus als individuelle Person gescheitert. Denn er starb ja am Kreuz. Erst aus nachösterlicher Sicht können wir uneingeschränkt sagen: Jesus ist *nicht* gescheitert, denn er wurde auferweckt aus dem Tode. Entscheidend für Jesu Sieg ist die Auferstehung. Ohne den Ostermorgen bliebe nur der Karfreitag.

10. Ein Geheimnis des Glaubens

Alle neutestamentlichen Schriften kulminieren in diesem Punkt: Erst von der Auferstehung her gewinnt die Jesusgeschichte ihre volle Bedeutung. Das älteste schriftliche Zeugnis für Jesu Auferweckung durch Gott finden wir bei Paulus, im um 50 n. Chr. verfassten Ersten Brief an die Thessalonicher (1 Thess 4,13–18). Detaillierte Ausmalungen – wie in den späteren Evangelien – finden wir hier noch nicht. Auch von einem ›leeren Grab‹ ist bei Paulus nicht die Rede. Es heißt bei ihm nur: »Wenn Jesus – und das ist unser Glaube – gestorben und auferstanden ist, dann wird Gott durch Jesus auch die Verstorbenen zusammen mit ihm zur Herrlichkeit führen« (1 Thess 4,14).

Jesus selbst hat als Prediger zweifellos an die Auferstehung geglaubt und eine allgemeine Auferstehung der Toten verkündet. Im Judentum zur Zeit Jesu war der Auferstehungsglaube zwar durchaus umstritten (vgl. Mk 12,18–27); aber immerhin konnte Jesus bei einem beachtlichen Teil des jüdischen Volkes den Glauben an eine jenseitige Zukunft voraussetzen.

Wie besonders der evangelische Theologe Wolfhart Pannenberg in seiner Auslegung des Apostolischen Glaubensbekenntnisses betont hat,[33] knüpfte auch der Apostel Paulus an den – von der jüdischen Gruppe der Sadduzäer allerdings angefochtenen[34] – jüdischen Volksglauben an eine künftige Auferstehung an. Paulus begründete die Auferstehung Jesu von der *allgemeinen* Auferstehung der Toten her: »Denn wenn Tote nicht auferweckt werden, ist auch Christus nicht auferweckt worden« (1 Kor 15,16).

Es bleibt freilich die Frage: Ist Jesus *wirklich* auferstanden? Ist er tatsächlich nicht im Rachen des Todes geblieben? An Jesu Tod am Kreuz gibt es keinen historischen Zweifel. Der römische Geschichtsschreiber Tacitus hat darüber berichtet,[35] und heutzutage gibt es kaum einen Historiker, der Jesu Kreuzigung bestreitet. Erwiesen ist auch, dass Jesu Auferstehung schon in frühester Zeit nach seinem Tode geglaubt wurde und dass die ersten Christen für diesen Glauben in den Tod gingen. Aber die Auferstehung selbst entzieht sich der historischen Forschung. Sie ist ein Geheimnis des Glaubens.

Damit ist nicht gesagt, dass es für den Auferstehungsglauben keine vernünftigen Gründe gibt. Auch außerhalb des Christentums wurde und wird ja an ein Weiterleben nach dem Tode geglaubt. Und spätestens seit Sokrates gibt es – bis zum heutigen Tag – namhafte Philosophen, die den Glauben an eine Unsterblichkeit der Seele oder an eine Auferstehung der Toten rational gut begründen. Dies ändert aber nichts daran: Die Auferstehung Christi ist historisch nicht verifizierbar. Sie ist keine für die äußeren Sinne wahrnehmbare Wirklichkeit, sondern ein transzendentes, für irdische Augen unsichtbares Geschehen.

Man muss Tod und Auferstehung übrigens nicht notwendig als zwei verschiedene, zeitlich voneinander getrennte Ereignisse ansehen. Nach meiner Auffassung sind es zwei Aspekte ein und desselben Geschehens. Wie aber sind dann die konkreten, in vielen Details divergierenden Auferstehungs- und ›Erscheinungs‹-Berichte der vier Evangelien zu bewerten?

Den Evangelien nach ist der Auferstandene seinen Freunden und Freundinnen in mehrfacher Weise ›leibhaft erschienen‹. Wie der katholische Neutestamentler Martin Ebner und viele andere (katholische wie evangelische) Theologen der Gegenwart plausibel erläutern,[36] handelt es sich bei diesen Erzählungen um legendenhafte Veranschaulichungen der – für die äußeren Sinne nicht wahrnehmbaren – Begegnungen des Auferstanden mit seinem Jüngerinnen- und Jüngerkreis. Es sind literarisch verdichtete, theologisch reflektierte, existenziell sehr aussagestarke *Bilder* für das neue Leben, das mit der Auferstehung Christi schon begonnen hat. Diese nachösterlichen ›Erscheinungen‹ sind chiffrierte Botschaften: hochpoetische Hinweise, dass Jesus eben *nicht* gescheitert ist, dass er lebt und wirkt in einer neuen – verklärten, vergöttlichten – Seinsweise.

11. Jesu Abstieg in die Unterwelt

Der christlichen Überlieferung zufolge ist Christus in der Nacht nach seiner Kreuzigung in die ›Unterwelt‹ hinabgestiegen, um dort die Seelen der Gerechten seit Adam aus ihrer Verlorenheit zu befreien. Als biblische Grundlage für diese Theorie gelten eine kurze Stelle im Epheserbrief und eine Nebenbemerkung im Ersten Petrusbrief. Dort heißt es: Christus ist nach seinem Tod »zu den Geistern gegangen, die im Gefängnis waren, und hat ihnen gepredigt« (1 Petr 3,19). Und im Epheserbrief steht geschrieben: Christus »stieg hinab in die untersten Regionen der Erde« (Eph 4,9).

In der bildenden Kunst wurde diese Szene oftmals dargestellt, zum Beispiel auf dem Gemälde ›Christus im Limbus‹ (1442) von Fra Angelico, auf dem gleichnamigen Bild von Andrea Mantegna (um 1470) oder auf dem Gemälde ›Abstieg Christi in die Unterwelt‹ (um 1530) von Domenico Beccafumi. Besonders beeindruckend finde ich das Ölgemälde ›Im Tal der Tränen‹ (1883) von Gustave Doré.[37] Der französische Künstler hat dieses Werk erst drei Tage vor seinem Tod vollendet. Das Bild zeigt die strahlende Lichtgestalt Jesu Christi mit dem Kreuz auf der Schulter. Eine große Schar von gequälten, nach Erlösung schmachtenden Menschen (hungrige Bettler, ausgezehrte Kranke, gefolterte Männer, Mütter mit ihren sterbenden Kindern) strecken ihre Arme dem Retter entgegen.

Sie alle sind im Leben zu kurz gekommen, sie sind, mehr oder weniger, Gestrandete, in unterschiedlicher Weise Gescheiterte. Und sie alle werden aus dem Gefängnis des Todes herausgeführt und zusammen mit Christus auferweckt werden zur Seligkeit, zum ewigen Leben.

Ich denke hier auch an Menschen wie den alttestamentlichen Propheten Mose. Er ist nicht nur am widerspenstigen Volke Israel immer wieder gescheitert. Nein, gerade auch an seiner ureigenen Sehnsucht ist er im Grunde gescheitert. Denn auf dem Berg Nebo durfte er, unmittelbar vor seinem Tode im Alter von 120 Jahren, das verheißene Land Kanaan zwar noch sehen. Dies war gewiss eine besondere Gnade, eine Auszeichnung durch Gott. Nur – *betreten* durfte Mose das »gelobte Land« eben *nicht* (nach Dtn 34,1–7). Wie so viele andere Menschen hat Mose sein größtes und wichtigstes Ziel auf Erden nicht mehr erreicht. Erst durch Christus, den endgültigen Retter und Heiland, wurde er – wenn wir der Theorie von Jesu Abstieg »zu den Geistern« der Verstorbenen folgen – ans Ziel seiner innersten Wünsche geführt.

Allerdings wird man einräumen müssen: Die oben genannten biblischen Belege für einen Abstieg Jesu in die ›Scheol‹, in den ›Hades‹ – beziehungsweise einen ›Triumphzug‹ des Erlösers durch das unterweltliche Reich der Verstorbenen – sind ziemlich dürftig und rätselhaft.[38] Der katholische Theologe Joseph Ratzinger, der spätere Papst Benedikt XVI., schrieb in seiner ›Einführung in das Christentum‹ (1968): »Die paar Stellen, an denen die Schrift etwas von dieser Sache zu sagen scheint (…), sind so schwer zu verstehen, dass man sie leicht in vielerlei Richtungen auslegen kann.«[39]

Gleichwohl nahm Ratzinger den kirchlichen Glaubensartikel von Jesu – ewiges Heil bringendem – Abstieg ins unterirdische Totenreich ernst und interpretierte ihn so: Christus habe im Kreuzestod eine letzte Einsamkeit durchschritten und sei in den äußersten Abgrund menschlichen Scheiterns und existenzieller Verlassenheit eingetreten. »Wo uns keine Stimme mehr erreichen kann, da ist Er. Damit ist die Hölle überwunden, oder genauer: der Tod, der vordem die Hölle war, ist es nicht mehr. (…) Nur noch die gewollte Selbstverschließung ist jetzt Hölle oder, wie die Bibel sagt: zweiter Tod (etwa Apk 20,14).«[40]

Demnach bedeutet der Abstieg Jesu in die dunkelsten Abgründe der Welt: Auch in unseren schlimmsten Niederlagen, auch und gerade in unserem letzten ›Scheitern‹ in der Stunde des Todes, im Zerbersten unserer leiblichen Hülle, ist das rettende Licht, das volle Leben zu finden. Mit dieser Auslegung des Glaubensartikels »Hinabgestiegen in das Reich des Todes« steht Joseph Ratzinger nicht allein. Im Anschluss an Martin Luther vertraten – zeitnah zu Ratzinger – namhafte evangelische Theologen wie Jürgen Moltmann und Wolfhart Pannenberg ganz ähnliche Thesen.[41] Zuvor schon hatte der Jesuitentheologe Karl Rahner, in seiner Monographie ›Zur Theologie des Todes‹ (1958), dem Abstieg Jesu ins Totenreich eine zentrale Bedeutung für den christlichen Glauben zuerkannt.[42]

In seinen ›Herz Jesu‹-Meditationen hat Rahner den Gedanken vom Abstieg Jesu in die ›Unterwelt‹ (oder in die ›Hölle‹, wie es in manchen Übersetzungen heißt) noch vertieft. In das ›Herz der Welt‹, wo Tod und Vergeblichkeit lauern, sei Jesus eingedrungen. Seit der Gottessohn hinuntergestiegen ist in die tiefste Finsternis des menschlichen Scheiterns und des Elends der Welt, gibt es – so Rahner – keine Abgründe mehr, in denen die rettende göttliche Liebe nicht zu finden wäre. Wenn wir diese Wahrheit »aushalten in aller Enttäuschung, festhalten auch im Fallen in den Abgrund des Todes, der Durchbohrtheit und Ausgeronnenheit des eigenen Herzens, dann werden wir selig.«[43]

12. Christus – der neue Orpheus

Jedenfalls bezeugt die Botschaft Jesu, dass nicht der Tod das letzte Wort hat, sondern eine universale Liebe, die niemanden ausschließt. Im frühen Christentum wurde diese Botschaft von einer Liebe, die den Tod überwindet, mit dem griechischen Mythos von Orpheus und Eurydike verknüpft.[44] Der Kirchenlehrer Clemens von Alexandrien (ca. 145 – ca. 215) interpretierte diesen Mythos radikal um. Den heidnischen Sänger Orpheus deutete er als einen Künder der Unsterblichkeit, als einen, wenn auch gescheiterten, Vorläufer Jesu Christi.

Nach der Auffassung des Clemens von Alexandrien hielt Orpheus die Unsicherheit, ob Eurydike ihm auf dem Weg in die Oberwelt folgen werde, nicht aus. Seine Liebe war schwächer als der Tod. Christi Liebe aber war stärker als der Tod. Er suchte wie Orpheus seine verlorene ›Eurydike‹ (die Clemens freilich allegorisierend als *Bild für die ganze Menschheit* interpretierte) im Totenreich. Anders als Orpheus ging Christus jedoch den Weg bis zum siegreichen Ende. Er ist nicht gescheitert, ganz im Gegenteil; er ging, ohne sich umzudrehen, den Weg der Erlösung, von der Kreuzesnacht bis zum Ostermorgen.

Auch andere frühchristliche Theologen sahen eine derartige Parallele zwischen Christus und Orpheus, zum

Beispiel Eusebios von Kaisareia (um 265–339). Und bis zum heutigen Tag bekennen sich alle christlichen Kirchen zu dem auf Christus bezogenen, aber fast wörtlich dem Orpheus-Mythos entlehnten Glaubensartikel »Hinabgestiegen in das Reich des Todes«. Im Jahre 359 hat die Fünfte Synode von Sirmium diese – an die orphischen Mysterien anknüpfende – Theorie vom »descensus ad inferos« ins offizielle Credo der Kirche eingefügt.

Der renommierte österreichische Pastoraltheologe Paul Michael Zulehner griff die Gedanken des Clemens von Alexandrien und des Eusebios von Kaisareia bezüglich der Orpheus-Christus-Parallele erneut auf – mit Bezug auf ein frühchristliches Wandgemälde in der Priszilla-Katakombe in Rom, das Christus mit einer Lyra darstellt. Der »Spielmann Christus-Orpheus« liebt, so Zulehner, nicht nur Eurydike, er liebt die ganze Menschheit, die – wie die scheiternde Eurydike – in dämonische Verstrickungen und tödliche Verhängnisse hineingeraten ist.[45]

Im wahren »Spielmann Gottes«, in Jesus Christus, geht es Gott, wie Zulehner erklärt, »um die Eurydike, um die Menschen, um die Welt, dass sie zurückfinden in das Land des Lachens, der Hoffnung und der Auferstehung«.[46] Einen endgültigen Absturz, ein definitives Scheitern des Menschen kann es jetzt gar nicht mehr geben (es sei denn, er würde auch noch im Tod das Liebeswerben Gottes zurückweisen). Wie schon Clemens von Alexandrien setzt Zulehner natürlich voraus: Während Orpheus, der mythologische Spielmann, gescheitert ist, hat sich in Jesu ›Höllenfahrt‹ und in seiner Auferstehung die Liebe unwiderruflich durchgesetzt. Denn Jesu beziehungsweise Gottes Liebe ist stärker als alle Mächte der Unterwelt.

Dieser christlichen Interpretationsweise wird freilich nicht jedermann folgen. Der Schriftsteller Patrick Süskind zum Beispiel wertet in seinem Essay ›Über Liebe und Tod‹ (2006) den Künstler Orpheus wesentlich höher als Jesus von Nazareth, weil der mythologische Sänger in seinen Absichten viel bescheidener und deshalb glaubwürdiger sei.[47] Demgegenüber rechtfertigt der Theologe Gottfried Bachl – in seiner christlichen Weiterführung des Orpheus-Stoffes – mit Nachdruck diese ›Maßlosigkeit‹ Jesu Christi: Im Unterschied zu Orpheus will Jesus das *Ganze*, nämlich das endgültige Kommen des Gottesreichs. Jesus geht es um das *ewige* Leben, um die *unvergängliche* Liebe. »Die offene Unbescheidenheit Jesu, sein Gestus der Maßlosigkeit, steht gegen den Kompromiss des Orpheus, der seine Schicksalsergebenheit nützt, um eine momentane Nachgiebigkeit der Unterweltsgötter zu erreichen.«[48]

Der Tod ist kein Untergang, sondern ein Übergang
vom Erdenwanderweg hinein in die Ewigkeit.
Cyprian von Karthago

Kapitel III
Das Motiv des Scheiterns in Philosophie und Psychologie

Grundsätzlich, auch unabhängig von christlichen Bezügen und vom Glauben an ein Weiterleben nach dem Tode, gilt: Zu einem menschenwürdigen, zufriedenstellenden Menschsein gehört die Erfüllung von Grundbedürfnissen. Ein Mensch kann innerlich zerbrechen, wenn diese Bedürfnisse über längere Zeit zu wenig oder gar nicht befriedigt werden.

Was brauchen wir, um gut leben zu können? Die Maslowsche ›Bedürfnishierarchie‹ – ein sozialpsychologisches Modell des US-amerikanischen Psychologen Abraham Maslow (1908–1970), eines maßgeblichen Mitbegründers der ›Humanistischen Psychologie‹ – beschreibt und erklärt die wichtigsten Bedürfnisse der Spezies Mensch. Maslows Modell, bekannt auch als ›Bedürfnispyramide‹, besteht aus fünf hierarchischen Stufen: beginnend mit physischen Bedürfnissen, gipfelnd im menschlichen Verlangen nach *Selbstfindung*.

1970, kurz vor seinem Tod, hat Maslow sein psychologisches Modell um kognitive und ästhetische Bedürfnisse und darüber hinaus um eine weitere Komponente ergänzt: um das menschliche Bedürfnis nach *Transzendenz* – nach einer die individuelle Person überschreitenden Tiefendimension, die außerhalb der empirisch erforschbaren Wirklichkeit liegt, in die das Individuum aber zuinnerst eingebunden ist. Das Bedürfnis, in der Suche nach dem Absoluten, dem Göttlichen, über sich selbst hinauszuwachsen und somit Teil eines Größeren zu werden, gehört für den späten Abraham Maslow also zum Wesenskern der menschlichen Seele.[1]

Nicht jedermann wird Maslow in diesem Punkt folgen. Grundsätzlich aber gilt: Jeder Mensch will glücklich sein – was auch immer er unter ›Glück‹ verstehen mag. Dem Philosophen Friedrich Nietzsche und, an Nietzsche anknüpfend, dem Wiener Psychologen Alfred Adler zufolge kulminieren die Bedürfnisse des Menschen im »Willen zur *Macht*«.[2] Der Wiener Psychiater Sigmund Freud hingegen sah in der Sexualität, im »Willen zur *Lust*«, die primäre Antriebsfeder des Menschen.[3] In ausdrücklicher Abgrenzung von Nietzsche, Adler und Freud wiederum unterstrich der Wiener Psychiater und Existenzanalytiker Viktor Frankl (1905–1997) den »Willen zum *Sinn*« als menschliches Hauptbedürfnis.[4]

Ich denke, diese drei Lebensziele konkurrieren nicht miteinander, sondern ergänzen sich. Sie alle sind entscheidend wichtig für menschliches Wohlbefinden. Jeder Mensch braucht einen Lebensraum, den er selbstständig gestalten kann, und eine Aufgabe, der er gewachsen ist (›Wille zur Macht‹). Jeder möchte Anerkennung und

Wertschätzung, Zuwendung und Liebe, Freude und Lebensgenuss (›Wille zur Lust‹). Und niemand will leben, ohne in seinem Dasein irgendeine höhere, übergeordnete Bedeutung, einen Wert, ein Ziel zu erkennen (›Wille zum Sinn‹).

Jeder will, bewusst oder unbewusst, etwas erreichen. Doch allgemein gilt: Wir bleiben hinter unseren Möglichkeiten immer, mehr oder weniger, zurück. Unser Wollen und Sehnen geht über das Erreichte fast immer hinaus.

Wissenschaftlichen Fortschritt kann es nur geben, wenn wir mit dem schon Erreichten nicht zufrieden sind und weiter forschen. Darüber hinaus aber sehe ich noch eine tiefere, eine existenzielle, eine umfassende, eine transzendentale ›Unzufriedenheit‹ als Wesensmerkmal des menschlichen Daseins. Zumindest unbewusst suchen wir etwas Absolutes, Vollkommenes, das unsere Vernunft unendlich übersteigt und in unserer Welt nicht zu erreichen ist. Insofern ›scheitern‹ wir alle, jedenfalls im irdischen Leben.

1. Eine Philosophie des »Absurden«

Sollte das Ergebnis der Sinnsuche sein: »Es gibt keinen Sinn«, dann wäre – nach der Auffassung des französischen Schriftstellers und Existenzphilosophen Albert Camus (1913–1960) – der Selbstmord die angemessene Konsequenz. Camus' ›Der Mythos des Sisyphos‹ (1942) beginnt mit dem bekannten Satz: »Es gibt nur ein wirklich ernstes philosophisches Problem: den Selbstmord.«[5]

Da für Camus der Suizid die adäquate Antwort auf das Gefühl der Sinnlosigkeit des Daseins war, galt ihm die Frage nach dem »Sinn des Lebens« als »die dringlichste aller Fragen«.[6] Ob »das Leben es wert ist, gelebt zu werden oder nicht«, diese »Grundfrage der Philosophie« müsse allerdings jeder für sich selbst beantworten, meinte Camus.[7]

Der Suizid ist demnach, so Camus, »das Geständnis«, dass das Leben es nicht wert ist, gelebt zu werden.[8] Ja, »in einem Universum, das plötzlich der Illusionen und des Lichts beraubt ist, fühlt der Mensch sich fremd. Aus diesem Exil gibt es keine Rückkehr, da es der Erinnerungen an eine verlorene Heimat oder der Hoffnung auf ein gelobtes Land beraubt ist.«[9] Im Blick auf den phantasierten oder vollzogenen Suizid meint Camus offenbar nicht nur die Krankheitssymptome einer schweren Depression. Nein, das »Gefühl der Absurdität kann an jeder beliebigen Straßenecke jeden beliebigen Menschen anspringen«.[10]

Wer sein Leben nicht als lebenswert empfindet, verliert jede Freude und wird des Lebens überdrüssig. Die Vorstellung eines jenseitigen Ausgleichs für diesseitigen Frust lehnte Camus ab. Einen möglichen Lebenssinn konnte er nur in irdischen Werten erkennen, etwa in Freundschaft und Liebe, in der Freude an Kunstwerken, in der Lust am eigenen kreativen Schaffen. Als Motto für seinen ›Mythos des Sisyphos‹ wählte er, passend zur Grundtendenz dieses Buches, die Verse des altgriechischen Dichters Pindar: »Liebe Seele, trachte nicht nach dem ewigen Leben, sondern schöpfe das Mögliche aus.«[11]

Albert Camus, der sich stark von Friedrich Nietzsche und Jean-Paul Sartre beeinflussen ließ und sich im ›Mythos des Sisyphos‹ sehr kritisch mit Søren Kierkegaard, Martin Heidegger, Karl Jaspers und anderen Denkern auseinandersetzte, hatte sicherlich unter dem Spannungsverhältnis zwischen erlebter Sinnwidrigkeit der Welt und eigener Sehnsucht nach erkennbarem Sinn zu leiden. In seiner ›Philosophie des Absurden‹ sah er die ›Absurdität‹ des Daseins eben darin, dass der Mensch an einen Sinn des Lebens zwar glauben will, diesen Sinn aber nur schwer oder gar nicht zu finden vermag.

Vielleicht am anschaulichsten in seinen Romanen ›Der Fremde‹ (1942) und ›Die Pest‹ (1947) hat der Literatur-Nobelpreisträger Camus das ›Absurde‹ poetisch dargestellt. Die Protagonisten Meursault in ›Der Fremde‹ und Bernard Rieux in ›Die Pest‹ scheitern in einer irrwitzigen, gleichgültigen, vom Tod beherrschten Welt. Ähnlich drohen die Hauptfiguren in den literarischen Werken des französischen Philosophen und Dramatikers Jean-Paul Sartre (1905–1980) – etwa im Debüt-Roman ›Der Ekel‹ (1938) oder im mythologischen Theaterstück ›Die Fliegen‹ – an der Sinnlosigkeit und Zufälligkeit ihrer Existenz zugrunde zu gehen.

Im Anschluss an Sartre und Camus meine ich: Ohne den Glauben an einen bleibenden, den Tod überdauernden Sinn wird rückwirkend alles im Leben entwertet und ausgelöscht. Sartres Lebensgefährtin, die französische Schriftstellerin und Philosophin Simone de Beauvoir (1908–1986), schloss den dritten Band ihrer Memoiren (1963) mit den deprimierenden Sätzen:

Manchmal ist mir der Gedanke, mich ins Nichts aufzulösen, genauso abscheulich wie früher. Voller Melancholie denke ich an all die Bücher, die ich gelesen, an all die Orte, die ich besucht habe, an das Wissen, das sich angehäuft hat und das nicht mehr da sein wird. Die ganze Musik, die ganze Malerei, die ganze Kultur, so viele Bindungen: plötzlich bleibt nichts mehr (…), dieses einzigartige Ganze, meine persönlichen Erfahrungen (…). Ich (…) höre die Versprechungen, mit denen ich mein Herz berauschte (…). Sie wurden erfüllt. Aber wenn ich jetzt einen ungläubigen Blick auf dieses leichtgläubige junge Mädchen werfe, entdecke ich voller Bestürzung, wie sehr ich geprellt worden bin.[12]

Die erfolgreiche Autorin mit ihrem vermeintlich erfüllten Leben ist also »geprellt« worden – falls es *nach* dem Tod keine wirkliche Erfüllung gibt. Denn die obigen Sätze besagen ja: Ohne ein postmortales Weiterleben sind auch alle Erfüllungen *vor* dem Tod null und nichtig.

2. Die philosophische Theorie Karl Jaspers'

Wer seine Hoffnung nicht nur auf irdische Güter, sondern auch und vor allem auf eine jenseitige Erfüllung bei *Gott* setzt, kann zwar in große Bedrängnis geraten, aber er kann – nach religiöser Überzeugung – nicht endgültig ›scheitern‹. Der altgriechische Philosoph Sokrates zum Beispiel glaubte an ein persönliches Fortleben nach dem Tode. Gewiss hat er sein Lebensglück insoweit verfehlt, als er im Jahre 399 v. Chr. das tödliche Gift trinken musste. Aber seine menschenfreundliche Ethik und seine Lehre von der

Unsterblichkeit der Seele konnten sich – über seinen Schüler Platon – verbreiten.

Dass die aufs Jenseits gerichtete Hoffnung auf eine umfassende Heilung und ganzheitliche Erfüllung des Lebens unserer menschlichen Natur nicht nur nicht widerspricht, sondern in unserem Wesen zutiefst begründet ist, steht für mich außer Zweifel. Denn solange wir leben, setzen wir (zumindest unbewusst und intentional) einen Sinn dieses Lebens voraus – in einer Ahnung, die uns ermutigt und trägt, in einer Ahnung, dass unser Dasein nicht ins Leere verrinnt, sondern integriert ist in ein großes, das Individuum bergendes Ganzes. Weil aber unser irdisches Leben mit dieser Vorahnung nie gänzlich ans Ziel kommt – selbst das gelungene Leben bleibt Stückwerk –, ist es sinnvoll und angemessen, über den Tod hinaus zu fragen und zu hoffen: auf eine bleibende *Erfüllung* unserer individuellen Lebensgeschichte.

Anders als die Existenzphilosophen Sartre und Camus nahm der Psychiater und Existenzphilosoph Karl Jaspers (1883–1969) die Möglichkeit eines postmortalen Weiterlebens an. Jaspers ging zunächst von anschaulichen Erfahrungen aus, von der Wirklichkeit des Lebens, von der Realität der Natur, »um jeweils an die Grenze zu gelangen, wo die Fragen auftreten, die keine Wissenschaft beantwortet. Dort erfahren wir das Staunen vor dem Sein. Dort fragen wir nach dem Sinn und der Aufgabe unseres Daseins.«[13] Der große Irrtum beginnt aus Jaspers' Sicht, »wenn das wissenschaftlich Gewusste für das Sein selbst gehalten wird, und wenn alles, was nicht wissenschaftlich wissbar ist, als nicht existent gilt«.[14]

Teilweise dem platonischen Denken entsprechend schrieb Karl Jaspers: »Die Realität ist Erscheinung, aber nicht die Wirklichkeit an sich selber. Wir sind in diese reale Welt geworfen, in der wir mit den Mitteln allgemeingültigen wissenschaftlichen Erkennens uns orientieren, nicht aber über sie hinausblicken. Erst die philosophische Einsicht befreit uns aus der Gefangenschaft in diese Welt.«[15] Aus dieser Einsicht folgert Jaspers: »Der Mensch, gebannt in sein Dasein, will über sich hinaus. Er findet kein Genüge, wenn er in sich abgeschlossen (...) nichts weiter sein soll als die tägliche Wiederkehr des Daseins.«[16]

In seinem Bestreben, über sich hinauszuwachsen und letztlich das ›Vollkommene‹ zu suchen, begibt sich der Mensch zwangsläufig in eine Situation des Ungenügens und des Scheiterns. Ja, nach Karl Jaspers ist das Scheitern geradezu ein manifester Ausdruck der existenziellen Grundsituation des Menschen. Zugleich jedoch sieht Jaspers im Scheitern eine Chance zur »Existenzerhellung«.[17]

Bei Karl Jaspers hat das Scheitern eine durchaus *positive* Funktion, weil der Mensch darin erfährt, dass das bloße Dasein brüchig ist und ihm keinen sicheren Halt zu geben vermag. In seinem »philosophischen Glauben«[18] unterscheidet Jaspers das bloße »Dasein« von der eigentlichen »Existenz« des Menschen.[19] Jaspers' Ausführungen zur menschlichen Existenz gipfeln in der These: Die »Existenz in ihrer Freiheit weiß sich bezogen auf *Transzendenz*, durch die sie sich geschenkt wird.«[20]

Mit dem Begriff »Transzendenz« nähert sich Jaspers dem Bereich des Ewigen, des Göttlichen. Die »Existenzerhellung« führt den Philosophen Jaspers gleichsam zu den »göttlichen Geheimnissen«, wie der ungläubige Philosoph Camus über seinen Kollegen distanziert bemerkte:

> Er weiß, dass wir nichts erreichen können, was das vergängliche Spiel der Erscheinungen transzendiert. Er weiß, dass das Scheitern am Ende des Geistes steht. (…) In dieser verwüsteten Welt, in der die Unmöglichkeit der Erkenntnis erwiesen ist, in der das Nichts die einzige Realität und die ausweglose Verzweiflung die einzig mögliche Haltung zu sein scheinen, versucht er den Ariadnefaden wiederzufinden, der zu den göttlichen Geheimnissen führt.[21]

3. Die »Existenzerhellung« im Tod – Scheitern oder Gewinnen?

Die Transzendenz ist nach Karl Jaspers dem menschlichen Wesen ›eingestiftet‹. Denn die menschliche Existenz weist über sich selbst hinaus auf etwas Unvergängliches, Göttliches. Jaspers schließt sich allerdings nicht der Lehre des Sokrates von der ›Unsterblichkeit der Seele‹ an. Auch die traditionellen Lehren der katholischen Kirche bezüglich der ›Letzten Dinge‹ macht er sich nicht ohne Weiteres zu eigen.

Jaspers nimmt das »Risiko« auf sich, »die Vorstellungen von Hölle und Fegefeuer und von der Macht kirchlicher Gnadenmittel für unwahr zu halten«, und fordert die existenzielle »Tapferkeit«, wahrhaft, das heißt ohne Selbsttäuschungen, zu sterben. Die Tapferkeit angesichts des Todes werde »auf ein Minimum reduziert, wenn durch sinnliche Jenseitsvorstellungen der Tod als Grenze aufgehoben und zu einem bloßen Übergang zwischen den Daseinsformen gemacht wird«.[22]

Alle philosophischen Unsterblichkeitsbeweise, meint Jaspers, seien »fehlerhaft und hoffnungslos«. Denn plausibel demonstrieren lasse sich gerade die *Sterblichkeit* des Menschen. Empirisch sei das Leben der Seele an körperliche Organe gebunden; und die Erfahrung des traumlosen Schlafes beweise die Möglichkeit des Nichtdaseins. Unsterblichkeit sei folglich »unwahrscheinlich«, wenn sie »als zeitliche Dauer in einer irgendwie sinnlichen Daseinsform in Kontinuität der Erinnerung mit unserem gegenwärtigen Leben« verstanden wird.[23]

Was will Jaspers mit solchen Formulierungen sagen? Dass ein postmortales Weiterleben, falls es das überhaupt gibt, mit unserem irdischen Leben gar nichts zu tun habe? Nein – er will nur klarstellen, dass eine *zeitlich* verstandene ›Unendlichkeit‹ eine ›schlechte‹ Unendlichkeit wäre: eine ewige »Qual des Nichtsterbenkönnens«.[24] Hiermit stimmt Karl Jaspers, nebenbei gesagt, voll überein mit der nachdrücklichen Aussage des (philosophisch von Heidegger beeinflussten) Jesuiten Karl Rahner und vieler anderer christlicher Theologen: Das ›ewige‹ Leben ist kein zeitliches ›Immer-so-weiter‹, sondern das *Ende* der Zeitlichkeit. Positiv gesagt: Das ›ewige‹ Leben im Jenseits ist nichts anderes als das in der Ewigkeit Gottes aufgehobene und von allen Schlacken befreite Erdenleben des Menschen.[25]

Wie seine Schriften eindeutig belegen, deutet auch Jaspers – christlichen Vorstellungen gemäß – den Tod nicht als Zerstörung, sondern als »Vollendung« der menschlichen Vita, wenn auch in »unbegreiflicher Art«.[26] Jaspers' Versicherung, dass ich auf den Tod »zugehen kann als zu meinem Grunde«,[27] kann sehr wohl in einem christlichen Sinne interpretiert werden: Der »Grund« des menschlichen Seins ist *Gott*, in dem unsere Existenz ihren letzten *Sinn* und ihre *Erfüllung* findet.

Jaspers spricht sehr vorsichtig von der »Chiffre Gott«. Gott selbst ist für Jaspers ein absolutes, unerforschliches Geheimnis. Den Glauben an einen Schöpfergott stellt er jedoch nicht infrage: »Gott hat die Welt im Ganzen auf eine für uns unbegreifliche Weise geschaffen.«[28] Wird nun dieser Schöpfergott seine eigenen Geschöpfe im *Tod* wieder vernichten? Karl Jaspers weist diese Meinung entschieden zurück: Menschen, die sich mit der Vernichtung ihrer selbst im Tode abfinden, »scheinen zwar dem Tod ins Auge zu blicken, bewirken aber nur eine um so tiefere Vergesslichkeit im Wesentlichen. Es wird beiseitegeschoben, dass ich noch zu Ende zu bringen habe, dass ich nicht fertig bin, dass ich noch wiedergutzumachen habe«. Jaspers hingegen vertritt die Meinung, dass durch die Vorstellung eines *absoluten* Endes im Tod »alles sinnlos« werde.[29]

Die *Essenz* des menschlichen Lebens wird nach Jaspers' Überzeugung im Tode bewahrt. Er formuliert philosophisch-abstrakt: »(…) was *angesichts des Todes wesentlich* bleibt, ist existierend getan; was *hinfällig* wird, ist bloßes Dasein.«[30] Was heißt das? Für Jaspers ist der Tod »nicht Feind und nicht Freund. *Er ist beides* in der Bewegung durch die sich widersprechenden Gestalten.«[31] Jaspers erläutert dazu: Der Tod wird für die Existenz in dem Maße zum Schrecken, als sie ihre Möglichkeiten versäumt hat; er wird zum Schrecken »in dem Maße als ich nicht gelebt, d. h. nicht entschieden habe und darum kein Sein des Selbst gewann; Ruhe in dem Maße, als ich Möglichkeit verwirklichte«.[32]

Ob sein Tod ihm zum »Feind« oder zum »Freund« wird, entscheidet der Mensch also selbst. Dass Jaspers hier keine bloß formale Entschiedenheit meint (wie Martin Heidegger in seiner existenzphilosophischen Abhandlung ›Sein und Zeit‹), sondern konkret die zwischenmenschliche *Liebe*, zeigt Jaspers in folgender Maxime: »Wir sind sterblich, wo wir lieblos sind, unsterblich, wo wir lieben.«[33] Ja, in einer »Entschleierung der Erscheinung« erweist sich der Tod des Liebenden, so Jaspers, »nicht als Grenze, sondern als Vollendung«.[34]

Im Prinzip übernimmt Karl Jaspers in seiner Philosophie des Todes und des ›Scheiterns‹ die Theorie des in geisteswissenschaftlichen Werken sehr viel zitierten dänischen Existenzphilosophen und Theologen Søren Kierkegaard (1813–1855). Von Kierkegaard stammt das Paradox: »In seinem Scheitern findet der Gläubige seinen Triumph.«[35] Und in seiner Abhandlung ›Die Krankheit zum Tode‹ (1849) schrieb Kierkegaard: Für »den Christen ist der Tod keineswegs das Ende von allem; er enthält schließlich mehr Hoffnung, als das Leben uns bietet, selbst wenn es von Kraft und Gesundheit strotzt«.[36]

Sehr viel konkreter als Kierkegaard wagt Jaspers, in seiner ›Kleinen Schule des philosophischen Denkens‹ (1965), sogar die Formulierung: »Wir sterben hin zu den geliebten Toten, sie empfangen uns in ihrem Kreis. Nicht eine Leere des Nichts nimmt uns auf, sondern die Fülle des wahrhaft gelebten Lebens, wir treten ein in einen von der Liebe erfüllten, durch Wahrheit hellen Raum«.[37] Soweit wir *Liebende* sind, werden wir im Tod also nicht scheitern; wir werden nichts verlieren, sondern alles *gewinnen*.

Ich habe den Eindruck,
dass man uns einreden will,
die Zeit der Humanität sei vorbei,
die Zeit des Mitleidens sei vorbei.
HEINRICH BÖLL

Kapitel IV
Scheitern und Gewinnen in Film, Theater und Poesie

Menschliches Scheitern – wie auch ein letztes Gewinnen jenseits des Scheiterns – ist ein zentrales Thema in Märchen und Mythen, in den Schriften der Bibel, in philosophischen Traktaten, in großen Werken der Weltliteratur, aber auch in zahlreichen Spielfilmen, die an die Humanität und an das Mitgefühl mit den Leidenden und im Leben Gescheiterten appellieren. Zwei herausragende Beispiele dafür sind das schwedische Filmdrama ›Wie im Himmel‹ (2004) von Kai Pollak und der französische Spielfilm ›Anatomie eines Falls‹ (2023) von Justine Triet.

Im – für höchste Auszeichnungen nominierten – Film ›Wie im Himmel‹ hat der achtjährige Daniel Daréus mit seiner alleinerziehenden Mutter sein schwedisches Heimatdorf verlassen und kehrt als Endvierziger unerkannt dorthin zurück. In Rückblenden zeigt der Film, wie Daniel als kleiner Junge von Mitschülern gehänselt und verprügelt wurde. Wenig später hat ihn der Unfalltod seiner Mutter noch zusätzlich verletzt und verstört. Musikalisch hochbegabt, macht er als Erwachsener Karriere als Geigenvirtuose und Stardirigent, erleidet jedoch einen Herzinfarkt und muss seinen Beruf aufgeben.

Als Chorleiter in seiner Heimatgemeinde eröffnet Daniel Daréus den Sängerinnen und Sängern, von denen einige in sehr bedrängten Verhältnissen leben, eine neue Welt. Durch sein einfühlsames Verhalten und seine wunderbare Musik berührt er die Herzen seiner Chormitglieder, ja, er befreit sie von mancherlei Ängsten und verhilft ihnen, wie der Film sehr eindrucksvoll zeigt, zur Selbstfindung. Schon nach kurzer Zeit aber stürzt Daniel erneut ins Unglück. Er droht ein weiteres Mal zu scheitern, als ihn Pastor Stig Berggren – der seinen Status und seine Autorität durch Daniels Beliebtheit untergraben sieht – verleumdet und schließlich aus dem Dienst entlässt. Doch der Kirchenchor hält weiterhin zu Daniel, der im Finale einen zweiten Infarkt erleidet und stirbt. Sein Sterben wird überstrahlt von mystischem Glanz. Die überirdisch schönen Klänge der Chormusik wirken auf das Publikum wie eine Welle, die den Sterbenden ins göttliche Licht trägt.

Aus einer höheren Warte betrachtet ist Daniel Daréus also keineswegs gescheitert. Vielmehr hat er sein eigentliches Lebensziel – anderen Menschen durch seine Musik Glück und Freude zu schenken – erreicht.

Unentschieden hingegen bleibt die Frage nach einem existenziellen Scheitern der Protagonistin in dem vielfach ausgezeichneten kriminalistischen Spielfilm ›Anatomie eines Falls‹, dem großen Abräumer auch beim Europäischen Filmpreis 2023. Zum Inhalt des Dramas: Sandra Voyter, eine erfolgreiche deutsche Romanautorin, und ihr französischer Ehemann Samuel Maleski, ein Dozent an der nahegelegenen Universität, sowie der elfjährige, nach einem Unfall fast erblindete Sohn Daniel Maleski leben in einem kleinen Ort in den französischen Alpen. Eines Tages wird Samuel vor dem Chalet tot im Schnee aufgefunden. Zunächst sieht es nach einem üblen Sturz, einem Unfall aus. Oder war es Mord? Oder war es Suizid?

Der Kriminalpolizei erscheinen die Umstände von Samuels Tod suspekt, und Sandra Voyter wird bald schon zur Hauptverdächtigen. Hat sie ihren Mann umgebracht? Es folgt ein aufreibender Indizienprozess, der nicht nur die näheren Umstände von Samuels Tod, sondern auch die Paarbeziehung Sandras und Samuels bis in die Details beleuchtet.

Die bisexuelle Sandra hatte zeitweilig intimen Kontakt mit einer Frau und mit anderen Personen. Was aber nicht ausschließen muss, dass sie ihren depressiv veranlagten, womöglich suizidgefährdeten Ehemann liebte. Der Film ›Anatomie eines Falls‹ wirkt vordergründig wie ein komplexer Justizthriller. Dahinter stellt sich die Frage nach persönlicher Schuld und existenzieller Enttäuschung: Hat Sandra als Ehefrau Samuels und als Mutter des sehbehinderten Daniel versagt? War ihre Beziehung zu Samuel zerrüttet, ist ihre Ehe wirklich gescheitert? Wie verkraftet Sandra den Tod ihres Mannes, löst dieser Tod in ihr eine Lebenskrise aus?

Solche Fragen werden im Film wohl aufgeworfen, aber nicht definitiv beantwortet. Sandra zeigt sich als eine undurchsichtige Persönlichkeit, deren Beweggründe rät-

selhaft bleiben. Am Ende wird Sandra zwar freigespro-
chen, es bleibt aber alles offen – sowohl die Frage nach
Mord, Suizid oder Unfall wie auch die Frage nach einem
endgültigen Scheitern des Lebensentwurfs der Schriftstellerin Sandra Voyter.

Nicht nur in Filmdramen, auch im Theater und in der
belletristischen Literatur (auf der Film-Drehbücher ja häufig basieren) stehen schwere Enttäuschungen und menschliche Zusammenbrüche oftmals im Mittelpunkt des Geschehens. Unter den mehrdimensionalen Aspekten des
›Scheiterns‹ bzw. ›Gewinnens‹ bespreche ich im Folgenden
bekannte oder auch weniger bekannte Werke namhafter
Autorinnen und Autoren aus verschiedenen Ländern und
Literatur-Epochen.

1. Berühmte Werke der Weltliteratur

Das schlimmste Scheitern, das man sich ausdenken kann,
beschreibt der italienische Dichter Dante Alighieri in seiner um 1307 begonnenen, 1321 – kurz vor seinem Tod –
abgeschlossenen ›Divina Commedia‹: einem der größten
und bekanntesten Werke der Weltliteratur. In diesem ein-
zigartigen Vers-Epos scheitert etwa ein Drittel der Menschheit, indem es definitiv und auf fürchterlichste Weise das
ewige Heil verfehlt.

Dantes von mittelalterlicher Theologie geprägte ›Göttliche Komödie‹ schildert in aller Ausführlichkeit die drei
Jenseitsbereiche Hölle (Inferno), Fegefeuer (Purgatorio)
und Himmel (Paradiso). Als partielles literarisches Vorbild diente dem Autor die Jenseitsreise des Aeneas im my-

thologischen Vers-Epos ›Aeneis‹ des römischen Dichters Vergil (70–19 v. Chr.).

Während Hölle und Fegefeuer durch Dante äußerst konkret dargestellt werden, wahrt der Dichter im Paradiso-Teil das unaussprechliche Geheimnis der Gottheit – in großartigen poetischen Metaphern. Was hingegen die Hölle betrifft, kennt Dantes ›Commedia‹ keine Zurückhaltung. Über dem Höllentor ist im Epos zu lesen: »Durch mich gehts ein zur Stadt der Schmerzerkornen, / Durch mich gehts ein zur Qual für Ewigkeiten, / Durch mich gehts ein zum Volke der Verlornen (…). / Lasst, die ihr eingeht, alle Hoffnung fahren!«[1]

Zu den Verdammten in der ewigen Hölle zählen der Jesus-Verräter Judas Iskariot, der Caesar-Mörder Marcus Iunius Brutus, aber auch höchste geistliche Würdenträger wie die Päpste Nikolaus III. und Bonifatius VIII.[2] Dante scheut auch nicht davor zurück, seine persönlichen oder politischen Gegner in der Hölle schmoren zu lassen. Zu unaufhörlichen Martern sind sie alle verurteilt. Und die Bewohner und Bewohnerinnen des Purgatorio? Sie erleiden nahezu ebenso große, gleichfalls auf fürchterliche Foltermethoden zurückgehende Qualen. Nur dürfen sie hoffen, irgendwann einmal, in ferner Zukunft, erlöst zu werden.

Was die detaillierten Ausmalungen der Höllen- und Fegefeuerschmerzen betrifft, lieferte mit hoher Wahrscheinlichkeit die um 135 n. Chr. in Ägypten entstandene ›Petrus-Apokalypse‹ die schaurigen Vorbilder.[3] Dieser gruselige Text, der die Hölle als eine Art kosmische Folterkammer in allen Einzelheiten beschreibt, wurde, wie zahlreiche Forscher annehmen, zur ergiebigen Quelle für Dantes Schilderungen und entsprechende Darstellungen in der bildenden Kunst.

Allerdings kann man sich fragen, ob Dante alle Inferno- und Purgatorio-Partien wirklich ernst gemeint hat. Wahrscheinlich saß ihm bisweilen, augenzwinkernd, ›der Schalk hinter den Ohren‹. Wie auch immer, Dante war ein Kind seiner Zeit und dachte, was die Hölle und das Fegefeuer betrifft, in mittelalterlichen Horror-Kategorien, die noch weit ins 20. Jahrhundert hineinwirkten, von denen sich heute aber die meisten Theologen sehr deutlich distanzieren.[4]

Nicht um schaurige Fegefeuerqualen und schon gar nicht um ein endgültiges Scheitern im Abgrund der Hölle, sondern lediglich – aber höchst eindrucksvoll – um ein vorläufiges Scheitern im Diesseits geht es bei dem »Ritter von der traurigen Gestalt«[5] im weltbekannten, 1100 Seiten umfassenden Roman ›Don Quijote‹ (1605–1615) des spanischen Dichters Miguel de Cervantes.[6]

Der spanische Landadelige Alonso Quijano, der sämtliche Ritterbücher gelesen hat, versteht deren Handlung – zum Beispiel die Sage vom Ritter Lanzelot und der Königin Ginevra – als pure Tatsachenschilderung.[7] So konsequent und so irrsinnig steigert er sich in die Fiktion hinein, dass er selbst zum edlen Ritter avancieren möchte: zum gewaltigen Helden, der die gefährlichsten Abenteuer besteht, der die armen Witwen unterstützt, der die Unmündigen und Waisen beschirmt und der alles Unrecht in der Welt überwindet.

Seinen Namen ändert er in Don Quijote, seinen alten ausgemergelten Gaul nennt er Rosinante. Und das Bauernmädchen Aldonza Lorenzo, das er in seiner Jugendzeit verehrte, später aber nie mehr gesehen hat, erwählt er zu seiner Herzensdame. Er gibt ihr den Namen Dulcinea del Toboso, wird diesem Phantom aber auf seinen Reisen – begleitet von Sancho Pansa, seinem kleinen, dicken Schildknappen – nie begegnen.

Dulcinea ist eine indirekte – ironisierende – Anspielung auf Beatrice, die idealisierte Jugendliebe in Dantes ›Divina Commedia‹.[8] Wie zu erwarten, kann Don Quijote in seiner Scheinwelt nicht bestehen. Er kämpft gegen allerlei Widerstände, unter anderem gegen Windmühlen, die ihm als bedrohliche Riesen erscheinen. Am Ende mancher Fahrten wird er von Gegenspielern verprügelt oder anderweitig drangsaliert. Doch das ficht ihn nicht an. Er wähnt sich unter dem Schutz und der Gunst seiner »Herrin und Gebieterin« Dulcinea und verwechselt weiterhin die Realität mit der Einbildung.

In seinem Wahn ist Don Quijote von der Gegenliebe seiner »Herrin« voll überzeugt. Dulcinea ist die »einzige Zuflucht« für ihn.[9] Gleichwohl leidet er unter ihrer Abwesenheit. Schließlich tröstet er sich mit der verstiegenen, absurden Idee: Dulcinea »kämpft in mir und siegt in mir, und in ihr lebe ich und atme und habe Leben und Dasein in ihr«.[10]

An seinen Trugbildern hält er fest – bis kurz vor seinem Dahinscheiden. Auf dem Sterbebett allerdings findet Don Quijote zu sich selbst zurück. Er verliert seine Marotten und schwört dem Scheinleben als edler Ritter endgültig ab. Der verunglückte Abenteurer stirbt als Weiser, als »durch eignen Schaden klug gewordener« Mann.[11] So ist er zwar gescheitert als »Ritter von der traurigen Gestalt«. Aber er gewinnt zuletzt an Einsicht und an menschlicher Größe.

2. Shakespeares Tragödien

Alle Regungen der menschlichen Seele, alle Höhen und Tiefen des Daseins, nicht zuletzt auch der Misserfolg, das tragische Straucheln und Scheitern, werden in den Werken des genialen, weltberühmten englischen Dichters und Dramatikers William Shakespeare (1564–1616) angesprochen. »Nichts zwischen Himmel und Erde, zwischen Gott und dem Teufel kann sich der Dichterhand entziehen, die es zu lebendiger, erfassbarer Gestalt formt.«[12]

Große Scheiternde sind die jungen Liebenden Romeo und Julia in Shakespeares gleichnamiger, um 1595 entstandener, Tragödie. Die Handlung spielt zur Renaissance-Zeit in den italienischen Städten Verona und Mantua. Romeo und Julia – die als das berühmteste Liebespaar der Weltliteratur gelten – gehören verfeindeten Adelsfamilien an. Bei einem Maskenball verlieben sie sich und schwören einander ewige Treue. Aufgrund von Missverständnissen und weiteren unglücklichen Umständen kommen beide durch Suizid zu Tode.[13]

Auch Shakespeares – dramaturgisch ganz anders als ›Romeo und Julia‹ geartetes – Trauerspiel ›Julius Caesar‹ (1599) hat ein großes Scheitern zum Thema. Es geht um die Ermordung des römischen Staatsmanns Gaius Julius Caesar und um das verhängnisvolle Schicksal der Verschwörer Marcus Iunius Brutus und Gaius Cassius Longinus. Ein komplexer Gewissenskonflikt wird hier aufgezeigt, dessen klassisches Muster sich schon in Sophokles' Tragödie ›Antigone‹ findet.[14]

Insgesamt erweisen sich Shakespeares Tragödien als literarische Fundgruben für desaströses menschliches

Scheitern. Im Schauspiel ›Hamlet‹ (um 1601 / 02), der wohl meistdiskutierten, auf einen mittelalterlich nordischen Erzählstoff zurückgehenden Tragödie der Weltliteratur, möchte der dänische Prinz Hamlet seinen Vater, den von dessen Bruder ermordeten König Hamlet, rächen. Doch der Prinz ist ein innerlich gespaltener Mensch, der sich vor entschlossenem Handeln scheut. Außerdem fürchtet er den Tod: »Sein oder Nichtsein, das ist hier die Frage.«[15] Andererseits ist sich Prinz Hamlet, trotz seiner vielfachen Bedenken und seines grüblerischen Zauderns, »der Notwendigkeit zur Tat« voll bewusst.[16]

Im Verlauf des Dramas wird Hamlet um jeglichen Erfolg seines Handelns gebracht. Er stürzt sich selbst und alle Beteiligten ins Unglück. »Der Rest ist Schweigen.«[17] So lauten Hamlets letzte Worte vor seinem Tod im Fechtkampf, in einem fatalen Duell mit seinem alten Freund Laertes.

Eines der markantesten literarischen Beispiele für politisches und menschliches Scheitern ist die Titelfigur in Shakespeares (1606 uraufgeführtem, auf keltische Mythen und mittelalterliche Legenden zurückgehenden) Trauerspiel ›König Lear‹. Lear, der König von Britannien, war ein selbstsüchtiger, grausamer Tyrann. Nach schweren Leiderfahrungen, nach dem Zusammenbruch seiner Herrschaft und dem gewaltsamen Tod seiner Tochter Cordelia, ist er ein armseliger, vergreister, gebrochener Mann – doppelt gescheitert als Machthaber und als Familienvater.

Viel zu spät, im hohen Alter und dem Wahnsinn nahe, lernt er die Fähigkeit zu Mitgefühl und Reue. Zwar kommt Lear, kurz vor seinem Tode, zu einer Art Selbsterkenntnis.

Er findet jedoch keinen inneren Frieden, er stirbt ohne Hoffnung auf Heil und Erlösung.

Zu spät kommt die Reue des Titelhelden auch in Shakespeares Bühnenwerk ›Othello. Der Mohr von Venedig‹ (1604). In diesem gewaltigen Eifersuchtsdrama scheitert der dunkelhäutige venezianische Feldherr Othello in seiner Liebe zur Gattin Desdemona. Im Affekt erdrosselt er sie im Ehebett, weil er glaubt, sie betrüge ihn mit einem anderen Mann. Othello ist seiner Natur nach kein böser Mensch, aber in seinen fehlgeleiteten Emotionen ist er verblendet. In der Schlussszene bekennt und bereut er seine eigene Schuld. Aber er kann sein Unrecht nicht wiedergutmachen. So nimmt er sich selbst das Leben, indem er sich in seiner Verzweiflung erdolcht.

Tödlich endet auch Shakespeares (wohl um 1606 abgeschlossene) Tragödie ›Macbeth‹. Sie handelt vom Aufstieg des Heerführers Macbeth zum tyrannischen, blutrünstigen König von Schottland. Seine Ehefrau, Lady Macbeth, verhält sich ebenso machtgierig und skrupellos wie ihr Gatte. Sie begehen mehrere Mordtaten und setzen den eingeschlagenen Weg des Bösen konsequent fort. »Der Dichter hat mit Macbeth eine Gestalt von übermenschlicher Größe – im Bösen – geschaffen. Um den Preis seines Seelenfriedens muss er sein erstes Verbrechen durch immer neue Ströme von Blut sichern.«[18]

Beide Protagonisten büßen jede Menschlichkeit ein. Lady Macbeth scheitert, indem sie Albträumen verfällt, ihren Verstand verliert und sich schließlich umbringt. Und die – zuletzt nur noch nihilistisch eingestellte – Titelfigur kommt im letzten Akt des Dramas in einem Zweikampf ums Leben.

3. Mit dem Teufel im Bunde

Keine abgründige Tragödie, doch immerhin eine »gestörte Idylle«,[19] ein vorübergehendes Scheitern, ein über Jahre anhaltendes Zerbrechen der Titelfigur, schildert der irische Schriftsteller und Arzt Oliver Goldsmith in seinem Roman ›Der Pfarrer von Wakefield‹ (1766). Im 18. und 19. Jahrhundert war dieser ›empfindsame‹ Roman beim Lesepublikum außerordentlich beliebt. Auch bedeutende Autoren wie Walter Scott, Lord Byron und Goethe bedachten die Erzählung mit Lob.

Der Ich-Erzähler und Protagonist Dr. Charles Primrose führt mit seiner Ehefrau Deborah und seinen sechs Kindern ein sehr beschauliches, finanziell gut abgesichertes Leben als Landpfarrer. Das ändert sich infolge schwerer, an das alttestamentliche Buch ›Hiob‹ erinnernder Schicksalsschläge. Doch am Ende wendet sich durch das Eingreifen eines Freundes für die Familie Primrose alles zum Guten.

Ein wirkliches Scheitern gibt es nur für den bösartigen Gutsherrn Ned Thornhill.

Die literarische Qualität des Goldsmith-Romans ist unter Experten umstritten. Über jeden literarischen Zweifel erhaben sind indessen die Schilderungen eines tragischen menschlichen Scheiterns in den großen Werken der Weltliteratur – beispielsweise in Lessings Bühnenstück ›Emilia Galotti‹ (1772). In dieser Tragödie gehen die rationalistische Dichtkunst der Aufklärung und die gegenläufige Poesie der ›Empfindsamkeit‹ (wie sie beispielsweise von Friedrich Klopstock vertreten wurde) eine interessante Verbindung mit indirekter Sozialkritik ein.[20]

Der junge Hettore Gonzaga, ein absolutistischer Fürst in einem italienischen Kleinstaat der Renaissancezeit, will die schöne Emilia Galotti zu seiner Geliebten machen. Jedes Mittel ist ihm recht, um Emilia zu gewinnen. Auch vor Gewalt gegen ihren Verlobten scheut er nicht zurück. Emilias Vater, Oberst Odoardo Galotti, indessen versucht, seine – vom Landesfürsten in ein Lustschloss verschleppte – Tochter vor Übergriffen Gonzagas zu schützen.

Im Finale stellt sich heraus, dass Emilia zwar nicht vergewaltigt wurde, aber vermutlich zu schwach wäre, um den Schmeicheleien Gonzagas auf die Dauer zu widerstehen. Denn »nicht über alle Verführung« fühlt sich die junge Frau »erhaben«.[21] Ihre ›Ehre‹, ihre ›Jungfräulichkeit‹, aber will sie sich unbedingt bewahren. So fleht sie ihren Vater an, er möge sie erdolchen, bevor sie den Nachstellungen Gonzagas erliegen könnte. Stolz auf die Charakterfestigkeit Emilias, ersticht Galotti sein eigenes Kind.

Emilias und ihres Vaters Handlungsmotiv ist primär die Familienehre. Hinzu kommt ein religiöser Beweggrund. Die streng katholisch erzogene Emilia glaubt, dass eine sexuelle Handlung außerhalb der Ehe in jedem Fall eine ›Todsünde‹ sei. Doch selbst wenn man diese Auffassung teilt, wäre Emilias Selbsttötung – oder Odoardos Beihilfe zum Suizid – vermeidbar gewesen. Emilias Tod sieht wie eine freie Entscheidung aus. Dahinter könnte aber (zumindest aus heutiger, ›liberaler‹ Sicht) auch eine mangelnde Souveränität stecken: eine fehlende Phantasie, die das Leben bejaht, den Selbstmord ausschließt und nach besseren Alternativen sucht.

Die Verzweiflung, das Scheitern, das innere und äußere Zerbrechen Emilias ist zugleich »die Tragödie Odoardo Galottis, den sein Tugendrigorismus blind macht und ins Unglück reißt«.[22] In ihrer Affekthandlung sind Galotti und seine Tochter die Opfer kulturbedingter Moralvorstellungen, von denen sie sich nicht befreien können.

Um ein Scheitern an der Moral geht es ganz besonders auch in Goethes ›Faust‹-Drama (1808).[23] Zu den Grundmotiven dieses wohl bedeutendsten Werks der deutschen Literaturgeschichte gehören das Erkenntnis- und Machtstreben, der Teufelspakt und die erotischen Leidenschaften der Titelfigur. Johann Wolfgang von Goethe übernahm diese Motive aus dem tradierten (auf das 16. Jahrhundert zurückgehenden) Faust-Stoff und stellte seinen Protagonisten als einen gelehrten Renaissance-Menschen dar, der sich von jeder Bevormundung gelöst hat, schließlich aber einsehen muss, dass er seinen Wunsch nach Welterkenntnis nicht aus eigener Kraft realisieren kann. Also verbündet er sich mit Mephistopheles, der Teufelsfigur, von der er abhängig wird.

Mephisto sagt über sich selbst: »Ich bin der Geist, der stets verneint! / Und das mit Recht; denn alles, was entsteht, / Ist wert, dass es zugrunde geht; / Drum besser wär's, dass nichts entstünde. / So ist denn alles, was ihr Sünde, / Zerstörung, kurz das Böse nennt, / Mein eigentliches Element.«[24] Allerdings ist des Teufels Macht nicht unbegrenzt, im Gegenteil, sie dient letztlich sogar dem göttlichen Heilswillen. Mephisto ist, seinen eigenen Worten nach, »Ein Teil von jener Kraft, / Die stets das Böse will und stets das Gute schafft.«[25]

Mit seinem prinzipiellen Nein zu Gottes Schöpfung, mit seinem Willen zum ›Nichts‹, kann sich Mephisto am Ende nicht durchsetzen. Über Margarete vor allem, die von Doktor Faust verführte junge Frau, besitzt er überhaupt keine Macht. Gretchen wird zwar als verzweifelte – von Wahnvorstellungen getriebene – ›Kindsmörderin‹ durch ein menschliches Gericht zum Tode verurteilt. Durch ein göttliches Gericht aber wird sie »gerettet«,[26] das heißt: Sie wird aufgenommen in den Himmel hinein.

Wie sich im Finale ergibt, wird auch Faust durch göttliche Gnade erlöst. Mephisto aber scheitert total, er erreicht kein einziges seiner boshaften Ziele.

4. Scheitern – ein Thema mit Variationen

Mehr noch als Goethe liefert der Arzt, Historiker und Dichter Friedrich Schiller (1759–1805) in seinen Dramen jede Menge von scheiternden Personen. Bei den meisten seiner Figuren ist das Scheitern geradezu vorprogrammiert. Besonders augenfällig wird diese unheilschwangere Disposition in der, während des Dreißigjährigen Krieges in Böhmen spielenden, Dramen-Trilogie ›Wallenstein‹ (1799).

Die Tragödie handelt vom Niedergang des Feldherrn Albrecht Wenzel von Wallenstein (1583–1634), der auf dem Gipfel seiner Macht hoffnungslos scheitert. Als erfolgreicher Oberbefehlshaber der kaiserlichen Armee geht Fürst Wallenstein zunehmend auf Distanz zu Kaiser Ferdinand II. und führt dessen Befehle nicht aus. Aufgrund der im zweiten Teil der Trilogie (›Die Piccolomini‹) vorgestellten Konflikte und Verwicklungen muss Wallenstein im Schlussteil des Dramas nach Eger fliehen, wo er von seinen Gegnern ermordet wird.

Schillers Historiendrama ›Maria Stuart‹ (1800) greift den Konflikt zwischen der impulsiven Königin Maria Stuart (1542–1587) von Schottland und der eifersüchtigen, oft grausamen Königin Elizabeth I. (1533–1603) von England auf. Geschildert werden die letzten drei Tage vor der Hinrichtung der katholischen Maria Stuart auf Betreiben der protestantischen Elizabeth, die befürchtet, Lady Stuart könne Anspruch auf die englische Krone erheben.

Unmittelbar vor ihrem Tode zeigt die – von Schiller stark idealisierte – Lady Stuart nicht die geringste Angst. Sie stirbt »als eine Königin und Heldin«.[27] Mit einem Kruzifix in der Hand besteigt sie das Schafott, verzeiht ihrer Rivalin Elizabeth, wie es bei Schiller heißt, »von ganzem Herzen«[28] und betet »mit fester Stimme« zu ihrem »Heiland« und »Erlöser«.[29] Gescheitert ist die Lady zwar in ihrem Streit mit Königin Elizabeth. Gewonnen aber hat sie insofern, als sie der Nachwelt, laut Schiller, »ein Beispiel edler Fassung gibt«[30] – und ein Beispiel des rückhaltlosen Gottvertrauens.

Ein vordergründiges Scheitern, das in Wirklichkeit ein strahlender Sieg ist, illustriert Schiller in seinem Drama ›Die Jungfrau von Orléans‹ (1801). Wie die historische Jeanne d'Arc (1412–1431) tritt die französische Nationalheldin als militärische Kämpferin auf – überzeugt, im Auftrag Gottes zu handeln. Ihre Siege gegen die Engländer vollbringt sie, wie sie beteuert, »mit Gottes Kraft«.[31] Bei Schiller wird sie allerdings nicht als Ketzerin und Hexe auf dem Scheiterhaufen verbrannt, sondern stirbt auf dem Schlachtfeld – im Glanz ihres Heldentums als ›Gotteskriegerin‹.

Auch in Schillers frühen Dramen ›Die Räuber‹ und ›Kabale und Liebe‹ spielt das Motiv des Scheiterns – oder zumindest der augenscheinlichen Niederlage – eine zentrale Rolle. Im Bühnenstück ›Die Räuber‹ (1781) gehen Karl und Franz, die zerstrittenen Söhne des regierenden Grafen Maximilian von Moor, äußerlich und innerlich zugrunde. Um das Erbe des kranken Vaters an sich zu reißen, verbreitet Franz gemeine Lügen über seinen Bruder Karl und entzieht sich am Ende seiner Verantwortung durch Selbstmord.

Karl indessen, ein idealistisch gesinnter Rebell, lässt sich zum Hauptmann einer Räuberbande wählen, die er für ehrenhaft hält, da sie sich, wie er meint, für die sozial Schwächeren einsetzt. Karl verstrickt sich jedoch in einen Teufelskreis von Unrecht und Gewalt. Er scheitert am Widerspruch zwischen seinem Denken und Handeln. In seinem inneren Zwiespalt will er das Gute und tut dennoch das Böse oder lässt es jedenfalls zu. Im Finale allerdings bereut Karl seine Taten und ist bereit, sich freiwillig der Justiz zu stellen.

Im – wie ›Die Räuber‹ in die ›Sturm und Drang‹-Epoche gehörigen – Drama ›Kabale und Liebe‹ (1784) geht es um den Kampf des Einzelnen mit gesellschaftlichen Zwängen. Der adelige Major Ferdinand von Walter und die bürgerliche Musikertochter Louise Miller lieben sich innig. Doch mit Hilfe von niederträchtigen Intrigen gelingt es Ferdinands Vater, seinen Sohn und Louise zu entzweien. In blinder Wut vergiftet Ferdinand sich selbst und Louise. Aber noch im Sterben kommt für die Liebenden die Wahrheit ans Licht. Louise verzeiht ihrem Ferdinand – und beide sterben in der Hoffnung auf eine glückliche Wiedervereinigung im Jenseits.[32]

Ein *komplettes* Scheitern indessen steht im Zentrum der im 16. Jahrhundert spielenden Novelle ›Michael Kohlhaas‹ (1810) des Dichters Heinrich von Kleist (1777–1811), der sich selbst unter äußerst mysteriösen Umständen in Berlin das Leben nahm. Michael Kohlhaas, ein einflussreicher Pferdehändler, greift wegen eines Unrechts, das ihm angetan wurde, zur Selbstjustiz. Dabei verliert er jedes Maß, sein persönlicher Racheakt wird zum blutigen Feldzug gegen alle Welt. Kohlhaas handelt nach dem lateinischen Grundsatz »Fiat iustitia et pereat mundus«, zu Deutsch: »Gerechtigkeit muss geschehen, auch wenn die Welt dabei zugrunde geht.« Kohlhaas scheitert am Ende fatal und stirbt auf dem Schafott.

Weitaus besser ergeht es dem Titelhelden in Kleists 1809 / 10 entstandenen Drama ›Prinz Friedrich von Homburg‹. Dieser junge preußische Reitergeneral widersetzt sich einem Befehl des Großen Kurfürsten Friedrich Wilhelm (1620–1688). Er scheitert zunächst, indem er zum Tod verurteilt wird. Zu guter Letzt jedoch wird er vom Kurfürsten begnadigt und gewinnt sogar noch den Lorbeerkranz aus der Hand der Prinzessin Natalie von Oranien.

Friedrich von Homburg scheitert nicht wirklich. Ein reales und gänzlich trostloses Scheitern hingegen, ein (im Falle der Titelfigur überdies unverschuldetes) Verfehlen allen Strebens nach Sinn, nach Glück und Erfüllung, ist das Thema im Dramenfragment ›Woyzeck‹ des Dichters, Naturwissenschaftlers und Revolutionärs Georg Büchner (1813–1837). Der Soldat Woyzeck wird von seinem Hauptmann und einem gewissenlosen Arzt physisch und psychisch ruiniert. In krankhafter seelischer Verwirrung ersticht Woyzeck seine Freundin Marie.

Eines der düstersten Theaterstücke der Weltliteratur ist Büchners im Jahr 1794 in Paris spielendes Drama ›Dantons Tod‹ (1835). Die Französische Revolution war umgekippt in eine blutige Schreckensherrschaft, die Büchner – der die ethischen und politischen Ziele der Revolution unterstützte – mit Entsetzen erfüllte. Der in der Darstellung Büchners gemäßigte, zu Versöhnung und Ausgleich bereite Revolutionär Georges Danton (1759–1794) scheitert nicht nur an fanatischen, demagogischen Extremisten wie Maximilien Robespierre (1758–1794). Er und seine Gefährten verzweifeln und zerbrechen am allgemeinen Elend der Welt – und an der Unbegreiflichkeit Gottes: »Warum leide ich? Das ist der Fels des Atheismus. Das (…) macht einen Riss in der Schöpfung von oben bis unten.«[33]

5. ›Lucia di Lammermoor‹

Das Scheitern eines politischen Traums oder eines persönlichen Lebensentwurfs kann die unterschiedlichsten Gründe haben. In der Epoche des ›Sturm und Drang‹ und erst recht in der Romantik begehen viele literarische Figuren, gelegentlich auch Autoren, Suizid – weil sie an Liebeskummer oder am allgemeinen Weltschmerz leiden und weil sie fest an ein besseres Jenseits glauben. Besonders berühmt wurden die Selbstmorde Heinrich von Kleists und der außerordentlich sensiblen Dichterin Karoline von Günderrode (1780–1806).[34] Noch berühmter wurde der –

wenig später eine Suizidwelle auslösende – Selbstmord der Titelfigur in Goethes Briefroman ›Die Leiden des jungen Werthers‹ (1774).

Nicht selten führt das Scheitern einer Ehe oder einer Liebesbeziehung zur Depression, zur schweren Krankheit oder sogar zum Suizid. Zu den bekanntesten Schilderungen des Zerbrechens einer Ehe – mit verheerenden Folgen – zählen Gustave Flauberts Gesellschaftsroman ›Madame Bovary‹ (1857), Leo Tolstois Gesellschafts- und Familienroman ›Anna Karenina‹ (1877 / 78) und Theodor Fontanes Ehe- und Ehebruchsroman ›Effi Briest‹ (1895).

In der belletristischen Literatur des 19. Jahrhunderts finden sich unzählige Bücher, die düsteres, todtrauriges menschliches Scheitern zum Thema haben. Stellvertretend für zahllose andere Werke nenne ich die wunderschön wehmütige Novelle ›Romeo und Julia auf dem Lande‹ (1856) des Schweizer Dichters Gottfried Keller (1856), das mehrbödige und unterschiedlich deutbare dramatische Gedicht ›Peer Gynt‹ (1867) des norwegischen Dichters Henrik Ibsen, die viel gerühmte Novelle ›Der Schimmelreiter‹ (1888) des norddeutschen Dichters Theodor Storm sowie die nicht weniger berühmte Novelle ›Bahnwärter Thiel‹ (1888) des schlesischen Literatur-Nobelpreisträgers Gerhart Hauptmann.

Schwere Enttäuschungen, tragisches oder selbstverschuldetes Scheitern, abgrundtiefe Tragödien und hochdramatische Zusammenbrüche werden uns – in wundervollen Tönen – im Musiktheater vor Augen geführt. Auch hier kann ich in willkürlicher Auswahl, meinen subjektiven Vorlieben entsprechend, nur wenige herausragende Beispiele bringen.

Ich denke zuerst an das fürchterliche Zerschellen, die finale Höllenfahrt des hochmütigen Schürzenjägers und Titelhelden in Mozarts – in Südspanien, im barocken Sevilla des 17. oder 18. Jahrhunderts spielender – Oper ›Don Giovanni‹ (1787): einem unübertroffenen Kunstwerk, »das die Bewunderung der erlauchtesten Geister erregt hat«.[35] Im denkwürdigen Kontrast zur formvollendeten Partitur, zur einschmeichelnden, durchweg bezaubernden, in ihrer Schönheit nicht zu überbietenden Musik, zeigt der mörderische Galant und gewissenlose Herzensbrecher Don Giovanni noch im Untergang keinerlei Reue und wird in der Schlussszene vom Erdboden verschlungen.

Vielleicht nicht ganz so klangvoll, aber kaum weniger dramatisch als Mozarts ›Don Giovanni‹ wirkt das Scheitern, das zum Wahnsinn und schließlich zum Tod führende Liebesleid der Titelheldin in der Oper ›Lucia di Lammermoor‹ (1835) des italienischen Komponisten Gaetano Donizetti. Dem Libretto diente als Vorlage der Roman ›Die Braut von Lammermoor‹ von Walter Scott. Die Ende des 17. Jahrhunderts in Schottland spielende Oper handelt von zwei Liebenden aus verfeindeten Adelsfamilien vor dem historischen Hintergrund der Fehden zwischen Katholiken und Protestanten.

Lucias heimtückischem Bruder Lord Enrico Ashton gelingt es zunächst, seine Schwester mit gefälschten Dokumenten zu täuschen und sie glauben zu lassen, ihr Geliebter, der von Enrico gehasste Edgardo di Ravenswood, sei ihr untreu geworden. In der berühmten ›Wahnsinns-Arie‹, einer Art »lyrischer Traumvision«,[36] erreicht Lucias Verzweiflung ihren Höhepunkt. Sie stirbt in ihrem Schmerz – und in ihrer Hoffnung, den nach wie vor Geliebten im

Himmel wiederzusehen. Als Edgardo von Lucias Tod erfährt, stößt er sich einen Dolch in die Brust – um mit Lucia
im Tode auf ewig vereint zu werden. Gescheitert sind die
Liebenden also in ihrem Verlangen nach einer Vereinigung auf Erden. *Nicht* gescheitert allerdings sind sie in ihrem unbeirrbaren Glauben an eine unsterbliche Treue und
Liebe.

6. Hochdramatische Szenen im Musiktheater

In Giuseppe Verdis – im Spanien und Italien des 18. Jahrhunderts handelnder – Oper ›Die Macht des Schicksals‹
(1862) scheitern, aufgrund einer wirren Kette von Missverständnissen, alle drei Protagonisten: Donna Leonora de
Vargas, ihr Bruder Don Carlo de Vargas und ihr Geliebter,
der Mestize Don Alvaro. Sie werden am Ende – in auch
musikalisch hochdramatischen Szenen – umgebracht oder
nehmen sich selbst das Leben.

Wie in fast allen Verdi-Opern freilich wird das dies-
seitige Scheitern der Protagonisten durch den Verweis auf
ein glückseliges Leben im jenseitigen Gottesreich ausgegli-
chen und religiös aufgeladen. Verdis Musik mit ihrem
»unerschöpflichen Reichtum an Stimmungen, Farben und
Empfindungen«[37] trägt zu dieser transzendenten Dimension des Geschehens entscheidend bei. Vor allem das
Schlussterzett im Musikdrama ›Die Macht des Schicksals‹
gewinnt »jene reine Höhe der Verklärung, die Verdi für
seine Opernschlüsse liebt«.[38]

Keinen, jedenfalls keinen ausdrücklichen, jenseitigen
Trost gibt es in der – um 1820 in Sevilla spielenden – Oper

›Carmen‹ (1875) des französischen Komponisten Georges Bizet. Das Libretto geht auf die gleichnamige Novelle des französischen Schriftstellers Prosper Mérimée zurück. Der Sergeant Don José verliebt sich in die verführerische Zigeunerin Carmen, die es mit der Treue aber nicht so genau nimmt. José scheitert an seiner Leidenschaft. In seiner maßlosen Eifersucht ersticht er das schöne Mädchen. In erster Linie die grandiose, »hinreißende Gewalt« der Musik verleiht dieser Oper ihren bleibenden Reiz.[39]

In Puccinis Musikdrama ›Tosca‹ (1900) scheitert die Opernsängerin Floria Tosca in ihrem Vertrauen auf den perfiden Polizeichef Scarpia. Die Oper spielt am 17. und 18. Juni 1800 in Rom; die Vorlage lieferte der französische Dramatiker Victorien Sardou. Scarpia hat Tosca versprochen, ihren aus politischen Gründen verhafteten Geliebten, den Kirchenmaler Mario Cavaradossi, nur zum Schein hinrichten zu lassen. In Wirklichkeit aber hat Scarpia dem – musikalisch als »Akt kalter, unbeteiligter Geschäftigkeit« dargestellten[40] – Exekutionskommando befohlen, den Maler tatsächlich zu erschießen. Als Tosca dies erfährt, stürzt sie sich mit einem Aufschrei vom hohen Gemäuer der Engelsburg in die Tiefe.

Vielleicht noch bedrückender wirken das seelische Zerbrechen und der Suizid der Titelfigur in Puccinis – nach einer literarischen Vorlage des US-amerikanischen Schriftstellers John Luther Long komponierten, um 1900 in Nagasaki spielenden – Oper ›Madame Butterfly‹ (1904). Die Geisha Cho-Cho-San, genannt Butterfly, liebt den amerikanischen Leutnant Linkerton, mit dem sie sich vermählt und von dem sie ein Kind bekommt. Doch der Marineoffizier nimmt sein Treueversprechen nicht ernst und kehrt unter einem fadenscheinigen Vorwand nach Amerika zurück.

Linkerton lässt drei Jahre lang nichts von sich hören und taucht dann mit einer Frau, die er in Amerika geheiratet hat, in Japan wieder auf. Seine Ehe mit Butterfly erklärt er für ungültig, den gemeinsamen Sohn fordert er zurück, um ihn zu sich in die USA zu nehmen. Die hintergangene, schmählich verlassene, vernichtend gedemütigte Cho-Cho-San sieht sich als endgültig gescheitert an – gescheitert als liebende Mutter und Ehefrau. In ihrem hoffnungslosen Gram nimmt sie sich das Leben. Musikalisch werden die Traurigkeit des Geschehens und die vorübergehenden Lichtmomente, die trügerischen ›Gipfelerlebnisse‹ Butterflys, sehr wirkungsvoll unterstrichen durch »sublime Nuancen« und »zarteste Stimmungsakzente« der Partitur.[41]

Nicht nur einzelne *Menschen*, sondern gleich die ganze (bisherige) *Weltordnung* einschließlich der germanischen *Götterwelt* lässt der große Komponist und Dichter Richard Wagner in seiner Oper ›Götterdämmerung‹ (1876) scheitern und zugrunde gehen. Musikalisch ist dieses Operndrama – der Schlussteil der ›Bühnenfestspiel‹-Tetralogie ›Der Ring des Nibelungen‹ – das »reichste, vielfältigste der vier Ringdramen«.[42] Auch inhaltlich bietet die ›Götterdämmerung‹ den absoluten Höhepunkt der unübertrefflich bühnenwirksamen Tetralogie.

Im apokalyptischen Finale der ›Götterdämmerung‹ wird der finstere Hagen, der Mörder Siegfrieds, von den Rheintöchtern in die Tiefe gerissen. Zuvor lässt Brünnhilde (bei Wagner die Geliebte Siegfrieds) einen Scheiterhaufen errichten, um Siegfrieds Leichnam darauf zu betten. Mit eigener Hand entzündet sie das Holz und stürzt sich mit ihrem Walkürenross Grane in die tödlichen Flammen.

Doch nicht nur der Scheiterhaufen, auch Walhall – bei Wagner (im Anschluss an nordische Mythologien) der Sitz des obersten Gottes Wotan – geht in verzehrenden (oder reinigenden?) Flammen auf. »Ruhe, ruhe du Gott!« ruft Brünnhilde in ihrem Schlussgesang dem Göttervater Wotan zu,[43] um anschließend das große Feuer zu entfachen. Wotan möge ruhen in Frieden! Der Untergang der germanischen Götterwelt und ihrer gesamten Werteordnung wird somit beschworen.

Allerdings stellen sich mit diesem Finale gewichtige Fragen: Soll nur der mythologische Götterhimmel verabschiedet werden? Oder wird ganz grundsätzlich eine »Gott ist tot«-Philosophie im Sinne Ludwig Feuerbachs oder Friedrich Nietzsches proklamiert? Geht es darüber hinaus um ein globales Scheitern, um eine totale Vernichtung, um eine Explosion des Universums? Handelt es sich bei der ›Götterdämmerung‹ um ein generelles Untergangsdrama? Oder im Gegenteil um eine Erlösungsvision? Oder meinte Wagner beides zugleich?

Muss das Ende der *jetzigen* (in Wagners Sicht fluchbeladenen) Welt das Ende der Welt überhaupt bedeuten? Stirbt Brünnhilde vielleicht eine Art Sühne- und Erlösungstod? Muss womöglich eine alte Weltordnung zusammenbrechen und sterben, um die Geburt einer neuen Welt und einer neuen Menschheit zu ermöglichen? Eindeutig beantwortet werden solche Fragen im Operngeschehen nicht. Die Interpretation des vielschichtigen – von Wagner mehrmals geänderten – Dramenfinales (in dem es *auch*, aber nicht *nur* um das in mehreren Wagner-Opern dominierende *Liebesmotiv* geht: um die Vereinigung zweier Liebender im Tode) ist folglich auch unter Wagner-Experten umstritten.[44]

7. Gebrochene Charaktere bei Karl May

Menschen, die – mehr oder weniger selbst verschuldet – am Leben zerbrechen und dennoch nicht endgültig scheitern, widmete sich literarisch in breitgefächerten Variationen, und in zunehmender Intensität, Richard Wagners sächsischer Landsmann Karl May (1842–1912). Dieser Autor hat weitaus mehr zu bieten als Unterhaltung und spannende Abenteuerliteratur. Der oftmals gegen May erhobene Vorwurf des einseitig männlichen Heldenkults und der Schwarz-Weiß-Malerei in der Darstellung von menschlichen Charakteren trifft allenfalls bei vordergründiger Betrachtungsweise zu.

Bei genauerem Hinschauen wird klar: In Mays Erzählungen geht es um tiefe existenzielle Erfahrungen, um Liebe und Tod, um Sehnsucht und Enttäuschung, um Schuld und Vergebung, um wunderbare Errettung nach vorläufigem Scheitern. Fast alle Werke Mays enthalten eine spirituelle Dimension, eine transzendente, das irdische Dasein übersteigende Perspektive. In besonderem Maße gilt dies für die späten ›Reiseerzählungen‹ (1896–99) und das Alterswerk (nach 1900) des – schon zu Lebzeiten von seiner Lesergemeinde sehr unterschiedlich wahrgenommenen – Autors Karl May.

Der kleine, bucklige Klekih-petra in Mays vielgelesenem Roman ›Winnetou I‹ (1893) ist in seiner deutschen

Heimat zur Zeit der 1848/49er-Revolution als »Lehrer an einer höheren Schule« und als »Führer der Unzufrieden« gescheitert und innerlich zerbrochen. Ehemals bestand sein »größter Stolz« darin, ein »Freigeist zu sein« und »Gott abgesetzt zu haben«.[45] Aus Reue darüber, andere Menschen als Aufrührer ins Unglück und in den Tod getrieben zu haben, ging er in die amerikanische Wildnis zu den Apache-Indianern, deren Helfer und Lehrer er wurde. Doch seine Schuldgefühle verließen ihn nicht. Als ein betrunkener Weißer auf Winnetou schießt, stellt sich Klekihpetra in die Schusslinie und stirbt anstelle seines Lieblingsschülers Winnetou. Seinen gewaltsamen Tod versteht er, im Rückblick auf seine revolutionäre Vergangenheit, als Sühnetod und zugleich als endgültige Versöhnung mit Gott.

Auch ›El Sendador‹, der aufgrund seiner Tüchtigkeit hoch geschätzte Andenführer Geronimo Sabuco, erweist sich in Mays – in Südamarika spielendem – Doppelroman ›Am Rio de la Plata‹/›In den Cordilleren‹ (1894) als gebrochener Charakter. Er scheitert an seiner kriminellen Vergangenheit, die ihm von seinen Anklägern nachgewiesen wird. »Was hätte dieser Mann bei seinen hohen Gaben (…) sein können, und was war er geworden, da sein Fuß die Irrwege des Verbrechens betreten hatte!«[46] Im Sterben bereut Sabuco seine Vergehen gegen die Menschlichkeit und bittet seinen Sohn, von jetzt an sein Leben der Wiedergutmachung der von beiden, von Vater und Sohn, begangenen Verbrechen zu widmen.

Das mit dem Zerbrechen und Scheitern verknüpfte Bekehrungsmotiv findet sich in Mays Werken sehr oft, so auch in der zwiespältigen Figur des neunzigjährigen Westmanns Old Wabble in ›Old Surehand III‹ (1896). Der in ›Old Surehand I‹ (1894) noch als schrullig und eher sympathisch gezeichnete »König der Cowboys« demaskiert sich später als eingefleischter Rassist, als mörderischer Indianerhasser und Schwarzenverächter, überdies als aggressiver Atheist. Den dezidiert christlichen Ich-Erzähler Old Shatterhand verhöhnt er ständig als Heulsuse, als dumme Betschwester und frommen »Schäfchenhirten«.[47] Zuletzt jedoch scheitert er an den feindlichen Utah-Indianern, die ihm einen qualvollen Tod bereiten. In der Sterbestunde aber bereut er seine Sünden zutiefst und bittet Gott um Gnade und Barmherzigkeit.

Als besonders liebenswürdiger, aber lebensuntüchtiger Mensch erweckt der jugendliche Hermann Lachner, genannt ›Carpio‹, im Roman ›Weihnacht‹ (1897) das Mitgefühl des Lesers. Carpios Charakter zeugt von einer »geradezu kindlichen oder gar kindischen Harmlosigkeit, die keine Tatkraft aufkommen lässt (…). Eine andere und zwar seine hervorragendste Eigentümlichkeit war eine Zerstreutheit«, die »schon versprach, später für ihn verhängnisvoll zu werden.«[48] Tatsächlich entwickelt sich Carpio zum notorischen Verlierer. Er versagt als Gymnasiast und später als Buchhändler und in diversen anderen Berufen. Zuletzt lockt ihn sein verantwortungsloser amerikanischer Onkel in die USA, wo er im ›Wilden Westen‹ frühzeitig an Entkräftung stirbt.

8. Selbstspiegelungen eines gespaltenen Autors

Zunehmend stehen in Mays Büchern schwache Männer im Schatten von starken Frauen. Und mehr und mehr verlagert sich das Erzählinteresse des Autors von der vordergründigen Handlungsebene auf ein inneres Geschehen, auf psychische Dimensionen der Protagonisten.

Im ersten Band der Tetralogie ›Im Reiche des silbernen Löwen‹ (1898) hat die aus Polen stammende Romanfigur Dozorca viel Übles erlebt und später alles verloren: die Stellung als Major in türkischen Diensten, die Ehefrau, die Tochter, den Glauben an Gott. Dozorca scheitert rundherum und verkommt zu einem alten, ausgemergelten Trottel, der sich von seinem fetten Diener Kepek alles, auch die größten Unverschämtheiten, gefallen lässt. In einem Nachtgespräch mit dem Ich-Erzähler jammert Dozorca, dass er »nicht an einen Gott glauben« könne, der ihm »nichts als Ungerechtigkeiten erwiesen hat«.[49] Er sieht sich, »selbstgerecht und selbstgefällig«,[50] als eine schuldlose Hiobsgestalt – der dann freilich vom erzählenden Ich die Augen geöffnet werden für die persönliche Mitschuld am eigenen Elend.

Im Zentrum des literarisch bedeutenden, in Mays symbolistisches Spätwerk überleitenden Romans ›Am Jenseits‹ (1899) steht der blinde Münedschi, eine innerlich zutiefst gespaltene Persönlichkeit. Er trägt einen langen silberweißen Bart und hat ein ehrwürdiges, fast prophetisches Aussehen. In seinen Visionen vom Jenseits werden ihm außerordentliche, philosophisch und theologisch bemerkenswerte Erkenntnisse zuteil. Doch die vermeintliche Lichtgestalt des blinden Sehers scheitert an der eigenen Zerrissenheit und an der falschen Selbstwahrnehmung.

Der Münedschi sieht alles Mögliche, nur »alles, was mich selbst betrifft, was sich auf meine Person bezieht, das sehe ich nicht.«[51] In seiner Verblendung sieht er beispielsweise nicht, dass er von seinem angeblichen »Wohltäter«, dem Verbrecher El Ghani, schamlos ausgenützt und zuletzt in der Wüste ausgesetzt wird. Doch ähnlich wie Dozorca im ›Silbernen Löwen‹ ist der Münedschi nicht gänzlich unschuldig an seiner Misere. Nein, eine höchst fragwürdige, schillernde, zwielichtige Gestalt ist dieser Anti-Held – ein »in der Wüste verlorenes Schaf«, das »seinen Hirten sucht«.[52]

Der wichtigste Protagonist in den literarisch hochwertigen, auf der reinen Handlungsebene in Kurdistan spielenden Schlussbänden III/IV (1902/03) der Tetralogie ›Im Reiche des silbernen Löwen‹ trägt den Namen ›Ustad‹, zu Deutsch ›Meister‹. Zunächst wird er im mehrschichtigen Romantext hochgepriesen und mit dem biblischen Patriarchen Abraham verglichen. Der Ustad hat eine ehrfurchtgebietende Gestalt, er trägt ein einfaches Gewand aus Kamelhaaren, sein schneeweißer Bart reicht bis zum Gürtel. Er besitzt eine große Bibliothek und hat selbst viele Bücher geschrieben, auf die er mächtig stolz ist.

Doch der Ich-Erzähler Kara Ben Nemsi zeigt ihm in einem langen Nachtgespräch, das unversehens zum ›Beichtgespräch‹ mutiert, sehr klar und radikal schonungslos die gröbsten Schwachstellen seiner Bücher. Er rezitiert »ironisch frömmelnd, möglichst salbungsvoll« besonders kitschige und religiös überspannte Stellen aus den Werken des Ustad. »Höre zu! Du sollst die Fetzen fliegen sehen!«,[53] sagt Kara Ben Nemsi zum Ustad, dem er außerdem noch schwere Fehler im Umgang mit den persönlichen Gegnern vorwirft. Der Ich-Erzähler wird mehr und mehr zum Ankläger des Ustad: »Du armer, armer Ustad! Was hast du doch für irrige Begriffe (...)!«[54] Der ›Meister‹ wird »kleiner, immer kleiner«.[55] Ja, im vermeintlich so grandiosen, in literarischer und menschlicher Hinsicht aber gescheiterten Ustad muss – bevor er zur schmerzlichen Selbsterkenntnis gelangt – »alles ins Wanken kommen, tief erschüttert werden«.[56]

Die eigentliche Pointe: Auf der autobiographischen Leseebene des Romans muss der Ustad als Doppelgänger des Ich-Erzählers – des großen ›Maysters‹, des berühmten Autors Karl May – betrachtet werden. Wie es in Mays Selbstbiographie ›Mein Leben und Streben‹ (1910) ausdrücklich heißt, ist der Ustad »kein anderer als Karl May«.[57]

Noch schwächer und noch erbärmlicher als der Ustad im ›Silberlöwen IV‹ zeigt sich in Mays – in China spielendem, nach Meinung vieler Experten ebenfalls zur ›Hochliteratur‹ zählenden – Spätwerksroman ›Und Friede auf Erden!‹ (1904) der übereifrige christliche Missionar Waller. Dieser Waller, dieser ›Wallfahrer‹, dieser ›Pilger‹ ist im Grunde zwar ein »ganz guter Mensch«; doch leider wohnt »ein Dämon in ihm, der ihn selbst um den Frieden« bringt.[58] Ein »ruheloses Haschen und Jagen« quält seine Seele; er ist »auf der Flucht« vor sich selbst:[59] vor der »Liebe«, die in ihm »siegen will und doch nicht siegen kann«.[60]

Typisch für Mays Spätwerkspersonal scheint Waller gespalten in mehrere, im Widerstreit liegende Wesen. Er macht den Eindruck einer gebrochenen Persönlichkeit und scheitert wegen mangelnder Glaubwürdigkeit immer wieder als Missionar bei den ›heidnischen‹ Chinesen und Malaien. Erst nach einem psychischen Zusammenbruch kann er in einem komplizierten – durch seine charmante, menschenfreundliche Tochter Mary entscheidend unterstützten, aber von merkwürdigen Rückfällen unterbrochenen Wandlungsprozess – »in Wirklichkeit« werden, »was er früher nur zum Schein gewesen ist«:[61] ein echter Christ und ein toleranter, verständiger, liebender Mensch.

Ähnliche Wandlungsvorgänge schildert May in der Figur des – zunächst als böse und rücksichtslos charakterisierten – Herrschers von Ardistan im literarisch erstklassigen Doppelroman ›Ardistan und Dschinnistan I / II‹ (1909). Diese märchenhafte Erzählung spielt in einem phantastisch-utopischen Raum, der symbolistisch für den Planeten Erde und für die Menschheitsentwicklung seit dem Anfang der Schöpfung steht.

Der Emir von Ardistan verliert und scheitert zwar als Politiker, als machtbesessener, tyrannischer Gewaltherrscher. Er gewinnt aber als *Mensch* – unter dem erlösenden Einfluss der geheimnisvoll-mächtigen Königin und Friedensfürstin Marah Durimeh – die Zuneigung seiner Familie und seines, jetzt nicht mehr unterdrückten, Volkes. Aufgrund seiner radikalen *Umkehr zur Liebe* findet er zu sich selbst und zur Wertschätzung durch die gesamte Menschheit.

Wie eine ganze Reihe von May-Forschern detailliert und plausibel belegt haben, sind alle diese literarischen Protagonisten (von Klekih-petra bis hin zum Mir von Ardistan) partielle Selbstspiegelungen, subtile ›Ich-Derivate‹

des Autors Karl May,[62] der mehrmals in seinem bewegten Leben – teils schuldhaft, teils ohne eigene Schuld – gescheitert ist und sich trotzdem immer wieder aufschwingen konnte zu neuem Lebensmut und zu neuer, verbesserter literarischer Schaffenskraft.

9. ›Das Herz ist ein einsamer Jäger‹

In seinem gesamten Erzählwerk setzte sich Karl May für unterdrückte Völker, für benachteiligte Bevölkerungsgruppen und für ausgegrenzte, in verschiedenartiger Weise gescheiterte Individuen ein. Ein ähnlich starkes literarisches Engagement für soziale Gerechtigkeit, ein großes Mitleid mit den Gescheiterten, den Erniedrigten und Beleidigten, kennzeichnet – natürlich mit andersartigen Ausdrucksmitteln – auch die Werke der psychisch und physisch labilen US-amerikanischen Schriftstellerin Carson McCullers (1917–1967).

Das vielfältige – zumindest einstweilige – Scheitern von Lebensentwürfen beschreibt McCullers in ihrem düster-melancholischen Erstlingsroman ›Das Herz ist ein einsamer Jäger‹ (1940). Im Alter von erst 20 Jahren hatte die Autorin mit der Arbeit an diesem 600-Seiten-Roman begonnen, den sie 1939 zum Abschluss brachte. Über Monate hinweg war McCullers' – streckenweise an Beecher-Stowes Roman ›Onkel Toms Hütte‹ (1852) und Mitchells Roman ›Vom Winde verweht‹ (1940) erinnernde – Erzählung in den USA auf den Bestsellerlisten des Jahres 1940 vertreten. 1968 wurde er von Robert Ellis Miller verfilmt. 2004 erschien er in Deutschland auch als Hörbuch, gelesen

von der prominenten Schriftstellerin und Literaturkritike-
rin Elke Heidenreich.

Carson McCullers wollte in New York Musik studie-
ren und Pianistin werden. Doch mit 23 Jahren erlitt sie den
ersten von drei Schlaganfällen. Ihre musikalische Ausbil-
dung konnte sie nicht vollenden. Stattdessen wurde sie ein
Star auf der Literaturbühne Amerikas. Ihr weiteres Leben
wurde durch Krankheit und Einsamkeit bestimmt – besonders nach dem Suizid ihres Mannes im Jahr 1953.
McCullers' Landsmann, der Schriftsteller und Literatur-
Nobelpreisträger William Faulkner (1897–1962), pries
ihre literarische Gesamtleistung mit den Worten: »Für
mich gehört ihr Werk zu den besten unserer Zeit.«[63]

McCullers' Roman ›Das Herz ist ein einsamer Jäger‹
– Elke Heidenreichs »Lieblingsbuch«[64] – spielt Ende der
1930er-Jahre im Bundesstaat Georgia, in einer hässlichen
Innenstadt. Der US-amerikanische Romancier Richard
Wright (1908–1960) bemerkte in seinem Nachwort: »Carson McCullers' Schilderung von Einsamkeit, Tod, Unfall,
Geisteskrankheit, Angst, Massengewalttätigkeit und -ter-
ror ist die trostloseste, die je aus dem Süden kam. Ihr Gefühl für Verzweiflung ist einzigartig.«[65] Zugleich aber
rühmte der dunkelhäutige Autor Richard Wright McCullers' einfühlsame Fähigkeit, »sich über den Druck ihrer
Umgebung zu erheben und mit einer einzigen Bewegung
des Verständnisses und der Güte die weiße und die
schwarze Menschheit zu umarmen«.[66]

Im Zentrum des Romans stehen die taubstummen In-
timfreunde John Singer und Spiros Antonapoulos. Der irr-
sinnige, fresssüchtige, naiv-fromme Grieche Antonapoulos hat meist »ein freundlich-blödes Lächeln um den

Mund«.[67] Wenn er nicht betrunken war, »kniete er abends vor dem Bett nieder und betete eine Weile. Dann formten seine dicken Finger die Worte ›Heiliger Jesus‹ oder ›Gott‹ oder ›Liebste Maria‹ – die einzigen Worte, die Antonapoulos überhaupt sagte. Singer wusste nie recht, wie viel sein Freund von all dem, was er ihm erzählte, verstand. Aber das war nicht so wichtig.«[68]

Nachdem Antonapoulos' selbstsüchtiger Arbeitgeber (der Besitzer eines Obst- und Süßwarenladens) es erreicht hat, dass der untaugliche, rüpelhafte, extrem verhaltensauffällige Grieche in eine Irrenanstalt eingeliefert wird, zieht sich John Singer zurück und lebt in einer Mietwohnung der Familie Kelly. Seine Mahlzeiten nimmt er regelmäßig im Café ›New York‹ ein.

Mister Singer ist intelligent, er hat einen gesicherten Arbeitsplatz als Silbergraveur in einem Juweliergeschäft. Und er interessiert sich, auch nach der schmerzlichen Trennung von Antonapoulos, »für die Kranken und Verkrüppelten«.[69] Es sind durchweg einsame, im Leben gescheiterte Sonderlinge und Außenseiter, die sich im Café ›New York‹ um den taubstummen John Singer gruppieren, um ihm ihr trauriges Herz auszuschütten. »Einer nach dem andern kamen sie zu Singer und verbrachten den Abend mit ihm. (...) Mick Kelly, Jake Blount und Doktor Copeland saßen in dem stillen Zimmer und redeten – denn sie spürten, dass der Taubstumme sie immer verstehen würde, was sie ihm auch sagen wollten. Vielleicht verstand er sogar noch viel mehr.«[70]

Besonders die 13-jährige Mick Kelly schätzt und liebt ihren Mister Singer über alles: »Er war zwar stocktaub und stumm wie ein Fisch, verstand aber jedes Wort, das sie zu ihm sagte. (…) Sie erzählte ihm, was sie keinem anderen Menschen erzählt hätte. Von ihren Plänen. (…) Außer ihrem Papa war Mister Singer der netteste Mann, den sie kannte.«[71]

10. Zwischen Jesus und Karl Marx

Ähnlich wie John Singer lebt Mick Kelly weitaus mehr in ihrer einsamen »inneren Welt« als in der Außenwelt.[72] Am wichtigsten sind ihr, neben Mister Singer, die klassische Musik und ihre phantastisch-unrealistischen Zukunftspläne. In erster Linie sehnt sie sich danach, einen Menschen zu lieben und von ihm geliebt zu werden. Als Philanthropin leidet Mick, ebenso wie ihre Eltern und ihre Geschwister, an einer harten, mitleidlosen Gesellschaft, die insbesondere die »Neger«, die »Nigger«, ausgrenzt und brutal diskriminiert.

Die ungewöhnlich sensible Mick Kelly ist ein reich begabtes, musikalisch kreatives, intelligentes, hilfsbereites, ganz und gar liebenswürdiges Mädchen. Anders als ihre christlich eingestellte Familie gibt sich die pubertierende Mick allerdings – zumindest nach außen hin – ziemlich unfromm: »›Ich glaub genauso wenig an Gott wie an den Weihnachtsmann‹, sagte Mick.«[73]

Außer Mick Kelly zählen zu Mister Singers ständigen Besuchern der gutmütige Besitzer des Cafés ›New York‹, Biff Brannon; ferner der notorische Bier- und Whiskytrinker Jake Blount: ein grimmiger Marxist, der »die Menschen zu Geschöpfen mit sozialem Bewusstsein erziehen« will;[74] und vor allem der mürrisch-schwermütige schwarze

Arzt Dr. Benedict Mady Copeland. Der areligiöse Copeland, Sohn eines frommen christlichen Predigers, unterhält sich besonders gern mit Mister Singer.

Der alternde Doktor Copeland ist ein durch die verächtliche Arroganz der Weißen zutiefst verletzter Mensch. Zugleich engagiert er sich sozial in vorbildlicher Weise. Die Medikamente für seine Patienten bezahlt er aus eigener Tasche. In der Hauptsache aber fühlt er sich berufen, »sein Volk«, den schwarzen Bevölkerungsteil der USA, intellektuell »aufzuklären« und aus der Unterjochung zu befreien.[75]

Das hoffnungslose Leid seiner farbigen Landsleute »machte ihn wütend – eine wilde, böse Zerstörungswut«.[76] Ja, Doktor Copeland ist ein gebrochener Mann: »Liebe und Hass bekriegten sich in seiner Seele: die Liebe zu seinem Volk und der Hass gegen die Unterdrücker seines Volkes, und dieser Kampf machte seine Seele müde und krank.«[77] 40 Jahre lang hat er für die Rechte der Schwarzen gekämpft. »Und doch: Alles war noch zu tun, nichts war vollendet.«[78]

Dr. Copeland hämmert den Farbigen ein, sie müssten das »Joch der Ergebenheit und der Trägheit« abwerfen; »es gebe keinen Gott, aber ihr Leben sei etwas Heiliges, und für jeden von ihnen gebe es das eine, wahre Ziel«.[79] Copelands – bei der Familie Kelly als Hausmädchen angestellte – Tochter Portia indessen beklagt als gläubige Christin die ›Gottlosigkeit‹ ihres Vaters: »Er hat Gott verloren und ist ganz weg von der Religion. All sein Unglück kommt nur davon.«[80]

Im Roman ›Das Herz ist ein einsamer Jäger‹ ist viel von der Bibel die Rede, auch von ›charismatischen‹ Sekten, von verrückten Straßenpredigern, von »satirisch primitiver Religiosität« (Richard Wright).[81] Die junge Portia freilich ist keine überschwängliche Sektiererin. Mit »Wälzen auf der Erde und in Zungen reden« hat sie es überhaupt nicht.[82] Als aktives Mitglied der Presbyterianischen Kirche setzt sie sich couragiert für die Armen und die Benachteiligten ein. Portia liebt ihren engagierten, wenn auch religionslosen Vater, trotz seines oft finsteren Herzens. Sie glaubt allerdings an einen gerechten Ausgleich für diesseitiges Leid »im Jenseits«, während ihr Vater ausschließlich auf »die irdische Gerechtigkeit« setzt.[83]

Der Marxismus ist in McCullers' Roman ebenso ein zentrales Thema wie die fromme Bibellektüre. In »trunkenem Pathos« zwar, aber wohl nicht zu Unrecht meint der Säufer Jake Blount, an den taubstummen Mr. Singer gewandt: »Sieh dir bloß an, was die Kirche mit Jesus gemacht hat in den letzten zweitausend Jahren. (…) Wenn Jesus heute leben würde – er wäre verfemt und säße im Gefängnis.«[84]

Jake Blount regt sich in seinem Redeschwall fürchterlich darüber auf, »dass ein Reicher aus zehntausend Armen den letzten Tropfen rauspressen darf, um noch reicher zu werden«.[85] In dasselbe Horn bläst Dr. Copeland: Karl Marx »erkannte das Notwendige, genau wie Jesus. Aber er befasste sich nicht mit dem Himmel oder mit dem Leben nach dem Tod. Seine Botschaft galt den Lebenden: der großen Masse derer, die arbeiten und leiden und wieder arbeiten – bis zu ihrer Todesstunde.«[86]

11. Verzweifelte Suche nach Liebe und Glück

McCullers' Erzählung ist insofern ein typischer Südstaatenroman, als die prekäre Situation der nahezu rechtlosen Farbigen und deren überwiegend fatalistische Haltung ausführlich geschildert wird. Insgesamt aber kommt dem Roman eine zeitlose, allgemeingültige Bedeutung zu: Die wirtschaftlich Starken knechten in vielen Regionen der Welt die Armen und Schwachen. Das war schon immer so, historische Belege gibt es genug. Doch Carson McCullers zeigt sehr zartfühlig und sehr eindringlich, wie verschiedenartig – destruktiv oder konstruktiv – die Menschen mit ihren Leiderfahrungen umgehen können.

Dr. Copeland und ein mit ihm befreundeter farbiger Apotheker stiften jedes Jahr zum Weihnachtsfest einen Preis im Rahmen eines Aufsatzwettbewerbs unter Highschool-Schülern. 1938 lautete das Aufsatzthema: »Was ist mein höchstes Ziel?« Ein ambitionierter Junge schrieb: »Ich möchte wie Moses werden, der die Kinder Israels aus dem Land der Unterdrücker geführt hat. (...) Ich hasse die ganze weiße Rasse und werde immer dafür arbeiten, dass die farbige Rasse sich für all ihr Leiden rächen kann. Das ist mein höchstes Ziel.«[87] Ein bescheidenes Mädchen indessen gab als ihr Lebensziel an: »den Armen Gutes zu tun«.[88]

Die Protagonisten des Romans erreichen ihr wichtigstes Ziel – die Beseitigung des Unrechts gegenüber den sozial Heruntergestuften – allerdings nicht. Der Restaurantbesitzer Biff Brannon scheitert überdies in seiner Ehe mit Alice. Die beiden trennen sich nicht, aber sie haben sich nichts mehr zu sagen, sie öden sich nur noch an. Auch die jeweils unterschiedliche Einstellung zur Religion trägt bei zu dieser Misere. Alice ist zwar fromm, sie liest gern in der Bibel und unterrichtet die Kinder in der Sonntagsschule. Auch Biff glaubte in seiner Kindheit an Gott und an Jesus; später aber wollte er »nichts mehr mit Kirche und Religion zu tun haben«.[89] In seiner Ehefrau sieht er eine Heuchlerin. »Weißt du«, tadelt er sie, »das Schlimme an dir ist, dass du keine richtige Güte kennst«.[90]

Nach Alices frühem Tod jedoch leben in Biffs Erinnerung die schönen Seiten in den ersten Jahren ihrer Liebesbeziehung wieder auf. Mister Brannon ist durchaus zufrieden mit seinem Leben als Menschenfreund und als Gastwirt. So gesehen ist er eben *nicht* gescheitert, vielmehr hat er den inneren Frieden gewonnen. Weitgehend freilich bleibt sein Daseinsverständnis ambivalent. Biff Brannon sieht »die Mühsal der Menschen und – ihre Liebe«; er schwebt stets »zwischen Licht und Finsternis, zwischen Glauben und bitterer Ironie«.[91]

Jake Blount, ein nervöser, unberechenbarer Neurotiker, wird wohl zugrunde gehen an seiner Trunksucht; McCuller's Roman lässt dies im undurchsichtigen Nebel. Immerhin behält Jake Blount sein marxistisches Sendungsbewusstsein. Im Finale torkelt er verwirrt und isoliert »davon, mit dem Gedanken, einen Ort im Süden zu suchen, wo er der Realität durch den Marxismus habhaft werden kann«.[92]

Und wie steht es um die junge, inzwischen 14-jährige Mick Kelly? Zu ihrem Entsetzen hat Bubber, ihr siebenjähriger Bruder, mit einem Gewehr ein vierjähriges Kind angeschossen und am Kopf verletzt. Versehentlich oder mit Absicht? Im Roman bleibt dies unklar. Bubber verändert sich infolge des Unglücks radikal; er lässt sich fortan mit seinem richtigen Namen, George, anreden und zieht sich völlig zurück. Der kleine George will »mit niemandem mehr befreundet sein«.[93] Doch Mick, seine Schwester, kümmert sich mit rührender Sorge um ihn und um Vater und Mutter.

Die Eltern von George und Mick sind finanziell nahezu ruiniert, weil sie für die sehr teure ärztliche Behandlung und die Pflege des angeschossenen Kindes aufkommen müssen. Aus Liebe zu ihrer Familie verzichtet die lern- und wissbegierige Mick Kelly auf den Abschluss ihrer Schulbildung. Sie nimmt – was praktisch auf Lohnsklaverei hinausläuft – einen Job als Verkäuferin in einem Supermarkt an und wird ihre musikalischen Zukunftspläne kaum realisieren können. Was ihre Karrierewünsche betrifft, wird sie wohl scheitern.

Im Prinzip nicht viel anders verhält es sich bei dem idealistischen Fanatiker Dr. Benedict Copeland. Gewiss, von außen her gesehen scheitert er in mehrfacher Hinsicht. Die Liebe seiner Ehefrau Daisy und seiner Kinder (mit Ausnahme Portias) hat er verloren; sie alle haben mehr oder weniger Angst vor ihm. Als alter Mann zieht er sich eine Lungentuberkulose zu. Doch seine ihm anvertrauten Patienten besucht er trotzdem, er behandelt sie mit letzter Kraft und unverminderter Hingabe. In sozialer Hinsicht scheitert er also keineswegs. Im Gegenteil, er wird von vielen – zu Recht – als Humanist und uneigennütziger Wohltäter verehrt.

12. Ein komplettes Scheitern?

Copelands Schicksal lässt sich an Tragik und Bitternis kaum überbieten. Sein jüngster, noch gar nicht erwachsener Sohn Willie kommt wegen eines Bagatelldelikts ins Gefängnis und wird dort von weißen Aufsehern schwer misshandelt. In der eiskalten Arrestzelle erleidet Willie Erfrierungen, so dass ihm beide Beine amputiert werden müssen. Eine »zerstörerische Finsternis« überwältigt den verzweifelten Vater.[94] Dr. Copeland beschreitet den Rechtsweg und will sich über die unsägliche Ungerechtigkeit der Justiz gegenüber Willie beschweren. Doch weiße Beamte schlagen den wehrlosen Schwarzen – unter dem Vorwand, er sei betrunken – nieder und werfen ihn in eine Ausnüchterungszelle.

Copelands Tochter Portia ist bezüglich der weißen Verbrecher der Auffassung: »Wir können nicht mehr tun, als still sein und wissen, dass sie von Satan auf Ofengabeln gespießt und bis in alle Ewigkeit gebraten werden.«[95] Dr. Copeland aber sieht dies ganz anders. Doch in seinem Kampf für Recht und Gerechtigkeit erreicht er rein gar nichts. In seinem verwundeten Herzen hat er Stimmen gehört: »die Stimme Jesu und die Stimme (…) von Karl Marx. Die fordernden Stimmen aller Kämpfer, deren Mission er hatte vollenden wollen. Die gequälten Stimmen seines Volkes. Auch die Stimmen der Toten (…).«[96] Benedict Copeland ist kein Martin Luther King (1929–1968). Ähnlich wie dieser dunkelhäutige, bewundernswerte Baptistenpfarrer tritt zwar auch Copeland gewaltfrei für die Bürgerrechte der Schwarzen ein. Aber er kämpft, anders als Martin Luther King, nicht aus einem christlichen Weltverständnis heraus. Im Schlussteil des Romans freilich wendet sich Dr. Copeland, der Atheist, doch noch an Gott: »Allmächtiger! Höchste Gewalt des Weltalls! Ich habe getan, was ich nicht hätte tun sollen, und all das, was ich hätte tun sollen, blieb ungetan. Nein, das kann nicht das Ende sein.«[97] Zuletzt sieht sich Doktor Copeland als kompletten Versager; in seinem Engagement kann er »nichts nennen, was bleibenden Wert hätte«.[98]

Auch John Singer, die Hauptfigur des Romans, scheint im Finale total zu versagen. Wer ist eigentlich dieser sonderbare, taubstumme Mann? Im Erzähltext heißt es: »Mister Singer war anders als alle anderen Menschen. (…) Er hatte ein feines Mitgefühl und wusste Dinge, die gewöhnliche Menschen nicht wissen konnten.«[99] Mister Singers Gesicht hat »den friedlichen Ausdruck, den man meistens bei sehr weisen oder sehr unglücklichen Menschen findet«.[100]

Seine Besucher fühlen sich von ihm in der Tiefe ihres Herzens verstanden. In Wirklichkeit freilich versteht John Singer von den Worten seiner ›Gesprächspartner‹ so gut wie nichts. Er ist ein extrem einsamer Mensch und denkt ständig an seinen abwesenden Freund Antonapoulos. »Nachts im Dunkeln sah er mit geschlossenen Augen das Gesicht des Griechen: rund, fettig glänzend, weise und gütig lächelnd. In seinen Träumen waren sie immer zusammen. (…) Täglich und stündlich fühlte er sich von seinem Freund begleitet.«[101]

Zweimal besucht er den immer seltsamer werdenden Antonapoulos im weit entfernten Irrenhaus. Doch Singer nimmt den verschlechterten Zustand des Patienten kaum wahr. Er freut sich einfach, den anderen sehen und berühren zu dürfen. Das Bild des geliebten Freundes in Singers Herzen »veränderte sich so, dass er sich auf nichts Ungehöriges oder Albernes mehr besann – nur noch auf das Kluge und Gute«.[102]

John Singers »untergründige Gemeinschaft mit Antonapoulos hatte allmählich eine Form und ein Ausmaß angenommen, als wären sie tatsächlich beisammen«.[103] Mister Singer fühlte sich für immer und »auf ewig« mit dem Freund verbunden.[104] Gleichzeitig jedoch vermisste er ihn, eine Leere breitete sich in ihm aus: »Alles war vorbei. Antonapoulos war fort, er konnte seine Erinnerungen nicht mit ihm teilen.«[105] Nachdem er schließlich erfahren hat, dass sein Freund Antonapoulos in der Irrenanstalt gestorben ist, schießt sich John Singer mit einer Pistole eine Kugel ins Herz.

Keine einzige der sonstigen Romanfiguren kann diesen Suizid begreifen, alle finden ihn rätselhaft und absurd. Doch die letzten Beweggründe von ›Selbstmördern‹ entziehen sich ja in den allermeisten Fällen dem rationalen Verstehen. Wie auch immer man das vielfältige ›Scheitern‹ in diesem Roman interpretieren will (als tatsächliches und endgültiges oder eher als vorläufiges, vermeintliches Versagen), McCullers' Erzählung ist aus meiner Sicht ein erschütterndes, großartiges Buch über die Einsamkeit und die – halb resignierende, halb vertrauende – Suche nach Liebe.

McCullers bietet in ihrem Roman ein Panorama menschlicher Charaktere und Schicksale: von resignierenden, unglücklichen Figuren bis hin zu Personen mit unerschütterlichem Mut und Gottvertrauen. Was mich in diesem Roman besonders anspricht: Menschen wie Portia,

Singer, Mick oder auch Copeland besitzen, trotz und in aller Fragwürdigkeit, ein liebendes Herz. Gewiss, jeder Mensch kann unter widrigen Umständen und ungerechten Verhältnissen leiden und zeitweilig den Mut verlieren. Auch liebende Menschen können in mancherlei Hinsicht versagen. Aber Liebende können, meine ich, im Letzten nicht scheitern.

13. Die Mächte der Hölle

In einem spirituellen Sinne scheitern können nur Menschen, denen die Güte fehlt, die Liebe, die nicht nur nimmt, sondern vor allem auch gibt. In einem moralischen und existenziellen Sinne scheitern können in erster Linie Menschen, die zuvorderst an sich selbst denken und keine oder zu wenig soziale Verantwortung übernehmen.

Ein besonders trauriger Fall ist die Mutter Courage in Bertolt Brechts – im Dreißigjährigen Krieg spielenden, im Herbst 1939 im schwedischen Exil verfassten, 1941 in Zürich uraufgeführten – Theaterstück ›Mutter Courage und ihre Kinder‹.[106] Als Marketenderin versucht die geschäftstüchtige Titelfigur, durch den florierenden Warenverkauf an Soldaten und Söldner einen persönlichen Vorteil aus dem grauenhaften Gemetzel des Krieges zu ziehen. Mutter Courage ist nicht etwa kalt und gefühllos, nein, sie liebt ja ihre drei von verschiedenen Männern stammenden Kinder. Aber sie geht als couragierte Geschäftsfrau kläglich zugrunde im Pakt mit einer kapitalistischen Gesellschaft (die nach der Auffassung Brechts nur Terror und Kriege hervorbringt). Mutter Courage scheitert in ihrem, angesichts ihrer sozialen Notlage freilich sehr verständlichen, materiellen Gewinnstreben. Denn sie verliert in den Wirren des Krieges alle ihre Kinder: ihre stumme Tochter Kattrin und ihre beiden Söhne Eilif und Schweizerkas.

In eine übermenschliche, metaphysische Dimension hat der große Dichter und Literatur-Nobelpreisträger Thomas Mann das Motiv des Scheiterns in seinem (theologisch von dem protestantischen Religionsphilosophen Paul Tillich inspirierten, zwischen 1943 und 1947 im US-amerikanischen Exil entstandenen) Spätwerksroman ›Doktor Faustus‹ gerückt.[107] Der unheimliche, exzentrisch veranlagte Protagonist, der geniale Tonsetzer Adrian Leverkühn – ein ehemaliger Theologiestudent – schließt einen Teufelspakt, um als Komponist die absolute musikalische und technische Perfektion zu erlangen. Als Gegenleistung an die Hölle darf er keine personale Liebe empfinden und keine emotional tiefen Freundschaften pflegen.

In seinem maßlosen Ehrgeiz, in seinem hybriden Streben nach exklusiver künstlerischer Überlegenheit, ist Leverkühn teilweise vergleichbar mit dem Titelhelden in Goethes ›Faust‹-Drama. Doch während der Faust-Figur Goethes, aufgrund göttlicher Gnade, ein erfreuliches Finale winkt, scheint es für den unglücklichen, von dunkelsten Dämonen getriebenen Adrian Leverkühn keine Erlösung zu geben. Offenbar scheitert er, in geistiger Umnachtung, am »Hohn- und Triumphgelächter der Hölle«.[108] Oder – vielleicht doch nicht? Könnte womöglich ein Funke Hoffnung, ein kleiner Lichtstrahl in die höllische Finsternis dringen?

An den innerlich zerbrochenen, vom Lebensglück gänzlich ausgeschlossenen Leverkühn und an die deutsche

Leserschaft gewandt, schließt der ›Faustus‹-Roman mit den Sätzen des Ich-Erzählers und Leverkühn-Biographen Serenus Zeitblom: »Wann wird aus letzter Hoffnungslosigkeit (…) das Licht der Hoffnung tagen? Ein einsamer Mann faltet seine Hände und spricht: Gott sei euerer armen Seele gnädig, mein Freund, mein Vaterland.«[109]

Ein wohl *endgültiges* Scheitern des Protagonisten indessen beschrieb der italienische Schriftsteller, Philosoph und Medienwissenschaftler Umberto Eco – der sich selbst als einen Agnostiker bezeichnete[110] – in seinem weltberühmten Roman ›Der Name der Rose‹ (1980). Von Jean-Jacques Annaud wurde dieser Roman 1986 sehr erfolgreich und höchst beeindruckend verfilmt. Der äußeren Form nach handelt es sich um einen historischen Kriminalroman, der im Jahre 1327 in einer norditalienischen Benediktinerabtei an den Hängen des Apennin spielt.

Ecos umfänglicher Roman vermittelt ein farbenprächtiges Bild des christlichen Spätmittelalters mit seinen sozialen, politischen und theologischen Konflikten, nicht zuletzt auch mit seinen verbotenen und verheimlichten Leidenschaften. Im Kloster kommt es zu mysteriösen Todesfällen: »Ein Mönch ertrinkt im Schweineblutbottich, ein anderer springt aus dem Fenster und ein dritter liegt tot im Badehaus.«[111] Zwei weitere Mönche kommen auf rätselhafte Weise zu Tode. Der für seinen Scharfsinn bekannte englische Franziskanerpater und ehemalige Inquisitor William von Baskerville soll bei der Aufklärung dieser ungewöhnlichen Fälle mitwirken. Doch mit seinen unangenehmen Fragen schafft er sich in der Abtei einen mächtigen Feind: den blinden, von phantastischen und fanatischen Ideen besessenen, mit ausgeklügelter krimineller Energie agierenden Bibliothekar Jorge von Burgos.

Am Ende wird es dem Franziskaner William von Baskerville und seinem jungen Novizen und Assistenten, dem idealistisch gesinnten Benediktinermönch Adson von Melk, zwar gelingen, die schwierigen Kriminalfälle zu lösen. Aber die ultimative, von Jorge inszenierte Katastrophe, den Brand in der kostbaren Bibliothek und die anschließende Vernichtung des ganzen Klosters, können Wilhelm und Adson nicht verhindern.

Resigniert muss William den Gedanken »akzeptieren, dass es in der Welt keine Ordnung geben kann«.[112] Zugleich scheitert er als nachdenklicher Theologe. Denn er kann nicht mehr glauben, dass Gott »allmächtig ist und seinen eigenen Entscheidungen gegenüber absolut frei«.[113] Ja, William bezweifelt im Finale sogar die *Existenz* Gottes. Die scharfe Kirchenkritik des Romans schlägt um in eine generelle Religionskritik, in eine Verneinung des Glaubens an Gott und ein erlöstes Dasein im jenseitigen Leben.[114]

Am Ende des apokalyptischen Geschehens siegen »die Kräfte der Hölle«.[115] Auch der Ich-Erzähler Adson von Melk scheitert als Mönch und als *homo religiosus* an der bitteren Realität der Welt. Zuletzt bleibt ihm nur noch »zu schweigen (…). Bald schon werde ich wiedervereint sein mit meinem Ursprung, und ich glaube nicht mehr, dass es der Gott der Herrlichkeit ist, von welchem mir die Äbte meines Ordens erzählten, auch nicht der Gott der Freude (…), vielleicht nicht einmal der Gott der Barmherzigkeit. Gott ist ein lauter Nichts, ihn rührt kein Nun noch Hier (…). Ich werde versinken in der göttlichen Finsternis, (…) in diesem Abgrund wird auch mein Geist sich verlie-

ren und nichts mehr wissen von Gott noch von sich selbst
(…).«[116]

14. ›Das Mädchen auf der Himmelsbrücke‹

Die Mönche William und Adson in Ecos Roman verzweifeln an Gott und der Welt. Von einem Scheitern an der realen Außenwelt bei gleichzeitigem Höchstgewinn an innerer Lebendigkeit hingegen erzählt die – in Deutschland wenig bekannte – finnische Dichterin Eeva-Liisa Manner (1921–1995) in ihrem hochpoetischen Erstlingsroman ›Das Mädchen auf der Himmelsbrücke‹ (1951). Die in Helsinki geborene Autorin gilt als Pionierin des literarischen Modernismus in Finnland.

Wie ihre Romanfigur Leena hat auch die Autorin ihre Eltern nie gesehen. Die Mutter starb am Tag nach Eeva-Liisas Geburt, der Vater war zuvor schon spurlos verschwunden. Die kleine Eeva-Liisa wuchs in Viipuri (einer später von der Sowjetunion annektierten Stadt an der karelischen Ostseeküste) bei ihren streng religiösen Großeltern auf. Während des ›Winterkrieges‹, 1939 / 40, wurde die 18-Jährige nach Helsinki evakuiert und kehrte nie mehr nach Viipuri zurück. Sie lebte künftig allein und weitgehend zurückgezogen, vorzugsweise in Hütten auf dem Land.

Eeva-Liisa Manner debütierte 1944 mit einem Gedichtband. Es folgten vier Romane, zahlreiche Bühnenwerke und Gedichtbände sowie literarische Essays. Außerdem übersetzte sie bedeutende Werke von William Shakespeare, Georg Büchner, Hermann Hesse, Franz

Kafka und anderen Autoren ins Finnische. Sie erhielt hohe literarische Auszeichnungen, darunter siebenmal den finnischen Staatspreis.

In ihrer Erzählung ›Das Mädchen auf der Himmelsbrücke‹ schildert Manner – basierend auf eigenen Kindheitserinnerungen – das Unglück der neunjährigen Leena. Dieses bedauernswerte Kind wirkt zunächst tief traurig. Doch Trauer und Trost, Scheitern und wunderbare Errettung, liegen in Manners Roman nahe beisammen.

Leenas Mutter ist gleich nach ihrer Geburt gestorben. Ihr Vater, ein alkoholkranker Restaurant-Pianist, hat sich aus dem Staub gemacht. Ihre Großmutter, bei der sie wohnt, ist eine erzkonservative Christin protestantischer Prägung. »Leena mochte keine Kirchenlieder, da ihre Großmutter ständig Kirchenlieder sang, die so ernst waren, dass man weinen musste, und die stets von Sünden handelten.«[117]

In der Seele des Kindes herrscht – angesichts ihres Umfelds kein Wunder – eine »grenzenlose Trauer, sie war überall in ihr und Leena spürte, dass nichts, wirklich nichts sie davon befreien konnte«.[118] Leenas Oma hat nach dem frühen Tod ihrer drei Kinder und ihres Ehemanns, der sich erhängt hatte, schon alle ihre Tränen »ausgeweint«.[119] Ihrem Enkelkind kann sie nicht helfen. Überdies wird Leena von ihrer Lehrerin täglich schikaniert und gedemütigt. Leena wird voraussichtlich an den Herausforderungen des Lebens zerbrechen und erkrankt an mysteriösen Anfällen, womöglich Epilepsie.

Die kleine Patientin wird von einem Arzt behandelt, den sie in ihren fiebrigen Phantasien und ihren höchst merkwürdigen – an Gerhart Hauptmanns Bühnenstück

›Hanneles Himmelfahrt‹ (1893) erinnernden – Kranken-bett-Visionen für Jesus hält. Nach ihrer Heilung nimmt Leena die Gemeinheiten ihrer autoritären Schullehrerin kaum mehr wahr, später bleibt sie unentschuldigt dem Unterricht fern. Ihre Sehnsucht nach einem »schwerelo-sen, bürdefreien Zustand«[120] verbindet sich fortan mit ei-ner abgrundtiefen Todessehnsucht. »Sie wollte nicht mehr sein, endgültig sterben«.[121]

Leena will sterben, aber nicht ohne göttlichen Trost. Also wird sie »in die Kirche gehen, dort, wenn nötig, den ganzen Tag sitzen und auf Gottes Rat warten«. Ja, sie meint, »dass es Gottes Pflicht war, ihr zu antworten«.[122] Als eine Art himmlische Rückmeldung empfindet sie das frohe »Lächeln des Heiligen Franziskus« auf einer Postkarte, die in Omas Wohnung an der Wand hängt.[123] Zunehmend gleitet Leena hinüber in eine märchenhafte, eng mit den Wundern der freien Natur verbundene Traumwelt. Ähn-lich wie für die sterbende Titelfigur in Andersens Märchen ›Das kleine Mädchen mit den Schwefelhölzern‹ (1845) ist auch für Leena die Welt der Träume »wirklicher als das Tageslicht und die Alltäglichkeit des Lebens«.[124]

Das Mädchen geht eine menschenleere Straße ent-lang. Im Romantext von Eeva-Liisa Manner – der durch-gängig etwas Schwebendes, Traumwandlerisches an sich hat – wird diese Straßenszene so beschrieben:

Und am Ende der Straße lag das Meer, und auf dem Meer der Himmel, und zwischen Meer und Himmel gab es nichts als einen dünnen Streifen, der wie mit Wasserfarben bemalt war. Und wenn man diesen Strei-fen vom Hügel aus eine Weile betrachtete, begann er zu zittern und sich aufzulösen, er verschwand, und das Meer verschwand, und die Straße fiel geradewegs in den Himmel. In dieser Straße endete die Welt, diese Straße war eine Himmelsbrücke, und Leena war sich sicher, dass man hier an dunklen Herbstabenden Sterne vom Ufer pflücken konnte.[125]

15. Die Musik als göttlicher Trost

›Das Mädchen auf der Himmelsbrücke‹ ist eine »Erzählung von magischer sprachlicher Schönheit, geprägt von existenziellem Schmerz und überwältigendem Einfühlungsvermögen«.[126] Ihr katastrophales Scheitern in der Alltagswelt kompensiert Leena mit ihrer inneren Traumwelt.

Eines Tages betritt sie eine katholische Kirche, wo sie »überweltliche Musik« hört und auf dem Altar eine »Madonna mit großen Augen« erblickt, »das Jesuskind im Arm und eine Taube auf dem Kopf (…). All dies erfasste sie jedoch vage wie eine Traumlandschaft, denn die Musik kam von oben, *und in der Musik war Gott.* (…) Und sie wusste auch, dass sie diese Musik ewig hören dürfte, wenn sie sterben würde.«[127]

In der Kirche begegnet ihr die freundliche Schwester Elisabet, die sie zuerst (wegen ihrer schwarz-weißen Ordenstracht) für einen Pinguin und dann für einen Engel hält. Elisabet spricht ihr Mut zu: »Du weißt nicht, wie begabt du bist, und deshalb bist du so traurig.«[128] In diesem Moment war Leena »überglücklich und spürte eine grenzenlose Dankbarkeit gegenüber Schwester Elisabet«.[129]

Über Elisabet lernt sie auch Bruder Filemon kennen, den reichlich kauzigen, meist betrunkenen Organisten der Kirche. In genialer Weise spielt der alte und blinde Filemon faszinierende Stücke von Johann Sebastian Bach. Diese Orgelmusik versetzt Leena gleichsam in den Himmel.

Durch sein Orgelspiel bekommt Filemon, wie Schwester Elisabet erklärt, »Flügel für seine geschundene Seele«.[130] Die kleine Leena wünscht sich nun ebenfalls Flügel für ihre »geschundene Seele«. Von Filemon ist sie begeistert, sie lässt sich von ihm inspirieren. Denn er hat Erstaunliches und in Lenas Augen absolut Wunderbares zu sagen. Der Organist kann zwar nichts sehen. Aber »vielleicht sieht er gerade deshalb mehr als viele andere«.[131] Seine Wahrnehmung zielt – so die deutsche Schriftstellerin und Manner-Rezensentin Antje Rávik Strubel – »auf das, was außerhalb des Sichtbaren liegt, jenseits klarer Begrenzungen, fassbarer Kategorien«.[132]

Filemon gelingt es, Leena vollständig zu beruhigen und ihr beizubringen, dass ihr »nichts wirklich Schlimmes« passieren könne.[133] Das Mädchen fühlt sich nach der Begegnung mit Filemon und Elisabet so befreit und so glücklich, dass sie allen Menschen, die an ihr vorübergehen, »freigiebig« zulächelt. »Und fast an jedem, der ihr entgegenkam, blieb ein wenig von ihrem Lächeln haften.«[134]

Erneut liest sie in der Wohnung ihrer Oma das, auf Leinen gestickte, Psalmwort »Der Herr ist mein Hirte, mir wird nichts mangeln. Ps 23,1.«[135] In diesem Bibelspruch spürt sie nun die Wirklichkeit einer großen, »allumfassenden Liebe«.[136]

Insgesamt kann man sagen: Ein unreflektierter, kindlich naiver Glaube an einen personalen Gott-Vater, an das Jesuskind, an die Gottesmutter Maria und an die Engel im Himmel vermischt sich bei Leena mit der Zaubermacht der Musik und einer seltsam verschwommenen Naturmystik. Vor allem das Wasser wird für sie zum Sinnbild – zur Metapher für ein göttliches Leben. Ja, für Leena gibt es eigentlich »nur Musik, das lebende Wasser, in das Gottes Finger schreibt«.[137]

Auch die Autorin Eeva-Liisa Manner liebte die Musik Bachs – und Mozarts – über alles.[138] Ihre Romanfigur Leena erkennt, dass sie ihre Musik nicht verlieren darf. Sie sucht weiter nichts mehr, ihr genügt ihre verinnerlichte Musik.

Wie die – unter anderem mit dem Deutschen Buchpreis dekorierte – Schriftstellerin und Übersetzerin Antje Rávik Strubel kommentiert, beinhaltet Eeva-Liisa Manners Roman ein »Sehen, das nicht unterscheidet zwischen den Sphären des Wirklichen und der Fantasie, (…) des Erfahrenen und des Erträumten, des Diesseitigen und Jenseitigen«.[139] Eeva-Liisa Manner zeigt meisterhaft, so Strubel, wie »lückenhaft das, was wir für wirklich halten, tatsächlich ist«.[140]

Die kleine Leena sieht eben nicht nur die Oberfläche des Wirklichen, sie »sieht das, was sich unter dieser Oberfläche ereignet«.[141] Im Finale fällt Leena – ob gewollt oder versehentlich, bleibt im Roman offen – ins lockende Wasser. Das Mädchen wird wohl ertrinken. Doch der Tod ist ja in Leenas Wahrnehmung überhaupt keine Bedrohung. Im Gegenteil, er ist die Brücke zum Himmel.

Die Träumenden und die Wünschenden
halten den feineren Stoff des Lebens in den Händen.
FRANZ KAFKA

Kapitel V
Scheitern und Gewinnen in der Gegenwartspoesie

Leena in Eeva-Liisa Manners Roman gleitet sanft von einer »Himmelsbrücke« hinüber in ein schöneres jenseitiges Leben. Ganz anders die gescheiterten russischen bzw. sowjetischen Revolutionäre im Roman ›Das Philosophenschiff‹ (2024) von Michael Köhlmeier! Der vielfach ausgezeichnete österreichische Bestsellerautor beschreibt in satirischem Stil, wie Leo Trotzki, Wladimir Iljitsch Lenin und andere Kämpfer für ein neues ›humaneres‹ Russland auf abscheuliche Weise zu Bruch gehen oder von ihren Gegnern umgebracht werden. Freilich geht es hier nicht immer mit rechten Dingen zu. Historische Fakten und fiktionale Fabulierkunst sind in Köhlmeiers Roman »furios« miteinander verwoben.[1]

Historisch nicht stimmig, aber artifiziell erzählt, wird in Köhlmeiers Darstellung der schwer kranke Lenin – auf Stalins Befehl hin – mitsamt seinem Rollstuhl ins tobende Meer gestoßen. In Köhlmeiers – wegen ihrer sprachlichen

151

Eleganz von der Feuilletonkritik hoch gepriesenen – Erzählung scheitern nicht nur einzelne Personen, auch nicht nur die führenden Bolschewiken und generell die kommunistische Idee, sondern die große Masse der Menschheit überhaupt.

Die Quintessenz des Romans sehe ich in Sätzen wie »Die Millionen wollen genug zu essen haben, und sie wollen befreit sein von der Freiheit. Und sie wollen kein schlechtes Gewissen haben. Mehr wollen sie nicht. Ein bisschen niederträchtig wollen sie sein dürfen, das schon.«[2] Ja, die Millionen »werden die schrecklichsten Dinge tun, aber sie werden dabei kein schlechtes Gewissen haben, denn sie tun sie in meinem Namen.«[3] So lässt Köhlmeier den Diktator Stalin, in einer Rede an Lenin, voller Hohn prophezeien.

Wie die Rezensentin Judith von Sternburg hervorhebt, gelingt es dem Autor, die Grundstruktur des linken (wie auch des rechten) Terrors zu erfassen, die mittels der Zerstörung der menschlichen Vernunft funktioniere.[4] Zweifellos prangert Michael Köhlmeier im ›Philosophenschiff‹ die Verführbarkeit der Massen an: am konkreten Exempel des bolschewistischen Terrors, allgemein gültig jedoch für jede Spielart totalitär beherrschter (oder von zynischen Populisten manipulierter) Gesellschaften. Höchst aktuell erzählt der Roman nicht nur von Vertreibung, Kriegsverbrechen und gescheiterter Politik in der Sowjetunion, sondern auch »länder- und zeitenüberspringend«[5] von grauenhaften Niederlagen der Menschheit.

1. »Verlorene Seelen«

Hochinteressante Schilderungen des menschlichen Scheiterns – oder des ›beinahe Scheiterns‹ – finden sich in der Gegenwartspoesie in Fülle. Brutal zerbrechen, auf ganz entsetzliche Art zu Grunde gehen wird zum Beispiel der Protagonist Jean-Baptiste Grenouille im Bestsellerroman ›Das Parfum‹ (1985) des Schriftstellers und Drehbuchautors Patrick Süskind.

Weil er ein hässlicher Zwerg ist, wird Grenouille sozial diskriminiert. Folglich kämpft er mit allen Mitteln um Liebe und gesellschaftliche Anerkennung. Für einen Moment gelingt ihm das auch. Doch dieser »Triumph seines Lebens« wird ihm »fürchterlich, denn er konnte keine Sekunde davon genießen. (…) Was er sich immer ersehnt hatte, dass nämlich die anderen Menschen ihn liebten, wurde ihm im Augenblick seines Erfolges unerträglich, denn er selbst liebte sie nicht, er hasste sie. Und plötzlich wusste er, dass er (…) immer nur im Hass Befriedigung fände, im Hassen und Gehasstwerden.«[6]

Im Finale besprenkelt sich Grenouille am ganzen Körper mit Parfum, und eine kannibalische Orgie beginnt. Der irrsinnig gefeierte Held lässt sich vom Pöbel zerreißen und vollständig verspeisen (was an Orpheus' Ende erinnert, der dem griechischen Mythos nach von den Mänaden zerrissen wurde).

Nicht ganz so schlimm, aber schlimm genug endet die Liebesbeziehung des Protagonisten David Kern mit der Literaturstudentin Marie Berger im Psychothriller ›Lila, Lila‹ (2004) des vielgelesenen Schweizer Schriftstellers Martin Suter.[7] Um der romantisch veranlagten Marie zu imponieren, gibt David das rührselige, noch unveröffentlichte Roman-Manuskript eines verstorbenen Autors als sein eigenes Werk aus. Mit diesem Schwindel gewinnt er nicht nur die leidenschaftliche Zuneigung Maries, sondern gelangt, mit Hilfe Maries, obendrein zu literarischem Ruhm als Bestsellerautor.

Doch je mehr Leute zu Davids Buchlesungen strömen, umso größer wird seine Angst, als Betrüger entlarvt zu werden. Und so kommt es denn auch: Ein finanziell ruinierter alter Mann behauptet David gegenüber, er sei der wirkliche Verfasser des Erfolgsromans, und erpresst ihn mit hohen Geldforderungen. David findet nicht den Mut, wenigstens Marie seine Lüge zu gestehen. Er scheitert an seiner Furcht vor der Wahrheit, er entfremdet sich von sich selbst und verliert überdies die Liebe Maries, die sich aus Davids chaotischem, von Leseterminen überbordendem ›Schriftsteller‹-Leben verdrängt fühlt.

Ein globales, unser gesamtes soziales Gefüge bedrohendes Scheitern ist Thema der Juristin und Erfolgsschriftstellerin Juli Zeh in ihrem dystopischen Politthriller ›Leere Herzen‹ (2017). Die Autorin warnt vor inhumanen Entwicklungen, vor zerstörerischen Tendenzen in unserer europäischen Gesellschaft. Noch deprimierender, noch destruktiver wirken die Untergangs-Schilderungen des – sehr umstrittenen – französischen Schriftstellers Michel Houellebecq in seinem Roman ›Serotonin‹ (2019). Völlig überraschend aber wechselt, auf der letzten Buchseite, der Protagonist Florent-Claude Labrouste seine agnostische Grundhaltung und verkündet: »Gott kümmert sich tatsächlich um uns (…) und manchmal gibt er uns sehr genaue Weisungen.«[8]

Nach Juli Zeh und Michel Houellebecq ist das definitive Scheitern menschlichen Lebens kein Naturgesetz. Wir können unser Leben in die Hand nehmen und auf einen guten Weg bringen.

Wenig Hoffnung lässt hingegen der Schriftsteller, Musiker und Kabarettist Heinz Strunk in seinem autobiographischen Roman ›Fleisch ist mein Gemüse‹ (2004). Eine schwere Hauterkrankung, Depressionen, Panikattacken, Liebeskummer und exzessiver Alkoholmissbrauch lassen den Ich-Erzähler nicht zur Ruhe kommen. Bis zum Ende der Erzählung bleibt er »ein kaputter Typ«.[9]

Auch der Protagonist Dr. Roth in Strunks Roman ›Ein Sommer in Niendorf‹ (2022) ist ein trauriger, zutiefst desillusionierter Mensch, der dringlich einen Hoffnungsschimmer sucht. In seiner Misere reduziert er sein Dasein auf die animalischen Triebe und die elementaren Bedürfnisse. Am Ende führt er mit seiner neuen Freundin Simone ein geistig und seelisch entleertes Spießerleben. Aus meiner Sicht ein komplettes Scheitern, eine Kapitulation des Verlangens nach *Sinn* vor der vermeintlichen Aussichtslosigkeit des menschlichen Daseins.[10]

Durchgängiges Thema ist das tragische Scheitern im Erzählwerk des international angesehenen österreichischen Schriftstellers Robert Seethaler, beispielsweise in den Romanen ›Ein ganzes Leben‹ (2014), ›Das Feld‹ (2018) und ›Der letzte Satz‹ (2020). Im Künstlerroman ›Der letzte Satz‹ wird die melancholische Stimmung des sterbenden Komponisten Gustav Mahler beschrieben. In Seethalers Darstellung sieht sich das todkranke Musikgenie in einer »gottverfluchten Welt«.[11] Mahler klagt über die »Nichtigkeit des Lebens«[12] und »fleht Gott um Hilfe an, jenen Gott,

der ihm seit so vielen Jahren kaum noch in den Sinn gekommen war«.[13] Ob dem Komponisten die Hilfe ›von
oben‹ tatsächlich gewährt wird oder ob er innerlich zerbricht, erfahren wir im Roman nicht.

In Seethalers sehr viel Trauer und nur wenig Trost
enthaltendem Roman ›Das Café ohne Namen‹ (2023) sind
die meisten Cafeteriabesucher gescheiterte, herunterge-
kommene Existenzen. Zu diesen »verlorenen Seelen«[14] gehört wohl auch Kostja Vavrovsky, der Wiener Kaffeehaus-
besitzer. Allerdings sieht Kostja im Finale, unmittelbar vor
seinem Herzinfarkt, eine Madonnenstatue und bemerkt,
wie sich die »Heilige Maria (...) sanft lächelnd zu ihm hin-
unterneigte. Das Letzte, was er sah, war das Kind in ihren
Armen. Es lag da, den Kopf an ihrer Brust, die kleinen,
dicken Ärmchen in die Höhe gestreckt, und lachte.«[15] Eine
ironische Brechung? Oder vielleicht doch ein Fünkchen
Hoffnung?

2. Lichtblicke

In einem Benediktinerkloster spielt der Roman ›Der rote
Diamant‹ (2022) des katholisch geprägten Schweizer
Schriftstellers Thomas Hürlimann. Zunächst scheitern der
jugendlich-frivole Ich-Erzähler und seine Klassenkamera-
den in ihrer vergeblichen Jagd nach dem, im Kloster ver-
steckten, Diamanten. Vor allem aber gehen in diesem
amüsant geschriebenen Untergangsepos die Mönche elend
zugrunde, darunter Abt Meinradus, der wegen seiner De-
menz »der Dämmerer« genannt wird. Insbesondere der
hünenhafte, Furcht einflößende Bruder Frieder, der Prä-

fekt des Schülerinternats, der zugleich das ganze Kloster ›Maria im Schnee‹ beherrscht, scheitert an seinem ambitionierten, machtbesessenen Lebensentwurf.

Die Mauern des Klosters, das sinnbildlich für den traditionellen Katholizismus mit seinen veräußerlichten Ritualen steht, fallen im Finale der Überalterung und der inneren Fäulnis zum Opfer. Symbolisiert wird dieses Ende im krankhaften Rückfall des Bruders Frieder, der sich zu Tode säuft. Dem Erzähler ist »klar, dass der Untergang von Bruder Frieder auch das Stift untergehen ließ«.[16] Was vom – der platonisch-augustinischen Metaphysik verpflichteten – Autor abgelehnt wird, ist offensichtlich eine spießbürgerliche, hierarchisch-klerikale, mit dem Feudalismus verbündete Erscheinungsform des ›Katholischen‹, nicht aber die eigentliche Substanz des christlichen Glaubens.[17]

Um eine Gratwanderung zwischen menschlichem Scheitern und lichtvoller Erwartung einer besseren Zukunft geht es im Roman ›Stern 111‹ (2021) des mit dem Deutschen Buchpreis dekorierten Lyrikers und Schriftstellers Lutz Seiler. Der Protagonist, der Germanistikstudent Carl Bischoff, sieht sich »verlassen von Gott und der Welt«,[18] er lässt sich beherrschen von einer »unklaren Angst, es nicht zu schaffen im Leben«.[19] Carl erkennt in sich selbst »einerseits die immerwährende Sehnsucht nach Trost und Erlösung, andererseits Fehlentscheidungen, verpasste Gelegenheiten, magische, aber ungenutzte Augenblicke«.[20]

Der literarisch sehr ehrgeizige Carl möchte großartige Gedichte schreiben, was ihm aber nicht gelingen will, so dass er »das ganze Elend seines Ungenügens«[21] zu bejammern beginnt. Schließlich muss er sich abfinden mit seinen Grenzen als Künstler und überdies noch das Scheitern seiner Liebesbeziehung mit einer jungen Frau beklagen. Der Roman endet jedoch nicht perspektivlos, nicht ohne Silberstreif am Horizont. Vielmehr zitiert Lutz Seiler in der Schlusspartie des Romans wunderschöne Verse des englischen Lyrikers W. H. Auden, die Seiler als »eine Art Schutzgebet und Segenswunsch« interpretiert.[22]

Mit einem überraschenden und durchaus tröstlichen Finale erfreut auch der mit vielen Literaturpreisen gekrönte Schriftsteller Ralf Rothmann in seinem, in sämtlichen Feuilleton-Kritiken hoch gerühmten, Roman ›Die Nacht unterm Schnee‹ (2022). Der Protagonist Walter Urban, der im Frühjahr 1945 auf Befehl eines SS-Offiziers seinen besten Freund Fiete erschießen musste, ist seither ein gebrochener Mann. Die Ich-Erzählerin Luisa hat ihn »noch nie laut lachen, pfeifen oder gar singen gehört«.[23] Für den Rest seines Lebens findet Walter keinen Zugang mehr zu Freude und Glück. Auch Elisabeth, Walters melodramatisch veranlagte und suizidgefährdete Ehefrau, die eine extrem schwere Kindheit zu erleiden hatte und als 16-jähriges Mädchen von sowjetischen Soldaten mehrmals vergewaltigt und am Unterleib verletzt wurde, droht schmählich zu scheitern – am Alkoholismus und anderen Süchten und Lastern.

Zuletzt aber entscheidet sich Elisabeth doch für das Leben und versucht, aus ihrem gefährdeten Dasein das Beste zu machen. Sie hat verstanden, dass man »durch alle Schmerzen (…) irgendwann auch hindurchmuss«;[24] und es gelingt ihr in der letzten Lebensphase, sich von ihrer besseren Seite zu zeigen. Luises Ehemann Richard bringt Elisabeths Wandlungs- und Reifungsprozess auf den

Punkt: »Wie öde eine Existenz auch sein mag und wie lange Tristesse oder Verzweiflung dauern: Wir schaffen uns Lichtblicke und kleine Momente des Behagens sogar dann, wenn alles aussichtslos erscheint. (…) Am Ende dient alles persönliche Unglück wohl nur dazu, herauszufinden, wohin es gehen soll im Leben und wie wir gemeint sind.«[25]

Nicht nur ein kleines Glück, sondern ein helles, definitiv rettendes Licht findet der Protagonist Gregor Werfer im Roman ›Die Ballade des letzten Gastes‹ (2023) aus der Feder des – stark von den biblischen Verheißungen inspirierten – österreichischen Schriftstellers und Literatur-Nobelpreisträgers Peter Handke. Der Geologe Gregor Werfer gilt in seinem Heimatdorf »als eher unnahbar, mit den eigenen Problemen beschäftigt, wenn nicht überhaupt unansprechbar«.[26] Seine Familie macht sich begründete Sorgen um ihren »immer nur ernsten« Gregor,[27] der tatsächlich ein sehr komplizierter, zu Depressionen neigender, in sich widersprüchlicher Mensch ist.

Trotz seiner selbst gewählten Einsamkeit verlangt es Gregor danach, von anderen »gesehen« und »erkannt zu werden«.[28] Ja, in lichten Momenten ist er sich geradezu sicher, »dass ein Angehöriger oder sonst für ihn Zuständiger um ihn herum sei, und mit dem Schritt zu ihm hin befände er sich schon auf einem Heimweg«.[29]

Gregor sehnt sich nach einem verlässlichen, unverlierbaren ›Zuhause‹. Er sehnt sich – wie der Romantext erhellt – im Letzten nach einer bleibenden Gemeinschaft mit *Gott* und den Menschen, die ihm innerlich nahestehen. Gregor Werfer steht am Rande des Scheiterns, des Zerbrechens an seinem gefühlten Alleinsein. Aus religiöser Perspektive betrachtet aber scheitert er wohl kaum. Er bittet im Finale den alten Dorfpfarrer, seinen »Priester-Freund«,[30] um dessen Segen. Und er findet offenbar Frieden und eine Art Herzensruhe. »Alles ist Gnade«, so steht es in Handkes Roman.[31] Gregor jedenfalls öffnet sich dieser göttlichen Gnade. Wie er sich künftig entwickeln wird, bleibt allerdings unentschieden.

3. Vom Scheitern eines Angepassten

Ein mehrfaches Scheitern seines Protagonisten schildert Daniel Kehlmann, vielfach preisgekrönter Romanschriftsteller, in ›Lichtspiel‹ (2023). In einigen Episoden weicht der Autor von den Fakten zwar ab,[32] lässt den Leser aber umso eindringlicher am traurigen Absturz seiner Hauptfigur teilnehmen: Der heute fast vergessene, im ersten Drittel des 20. Jahrhunderts jedoch in ganz Europa als linker Avantgardist gefeierte österreichische Filmregisseur Georg Wilhelm Pabst (1885–1967) zerbricht künstlerisch und weithin auch menschlich an den unsäglichen politischen Verhältnissen des ›Dritten Reichs‹.

Neben den Regisseuren Friedrich Wilhelm Murnau und Fritz Lang war G. W. Pabst hochberühmt als ein »Gigant des deutschen Stummfilms«.[33] Wie Kehlmann in brillanten Romanszenen erhellt, war Pabst der Entdecker und Förderer der Schauspielerinnen Greta Garbo und Louise Brooks (die er heiß begehrte, die ihn aber zurückwies). Zu seinen erfolgreichsten Werken zählen der sozialkritische, oftmals zensierte Stummfilm ›Die freudlose Gasse‹ (1925) und der 1934 vom Berliner Propagandaministerium verbotene Stummfilm ›Die Büchse der Pandora‹ (1929).

Zur Zeit der Machtergreifung der Nationalsozialisten befand sich Pabst zu Dreharbeiten in Frankreich, von wo aus er in die USA reiste. Nach dem fatalen Misserfolg seines in Hollywood gedrehten Films ›A Modern Hero‹ (1934) kehrte er mit seiner Ehefrau Gertrude und seinen zwei Söhnen nach Frankreich zurück. Um seine kranke Mutter in ein Sanatorium zu bringen, fuhr er – gegen den Willen Gertrudes – im September 1939 nach Österreich (das jetzt ›Ostmark‹ hieß). Wegen des Kriegsausbruchs konnten er und seine Familie das Deutsche Reich nicht mehr verlassen. Pabsts Plan, in die USA zu emigrieren, war somit gescheitert.

G. W. Pabst war »eigentlich aus Versehen« im ›Dritten Reich‹ gestrandet; »eine Kette von Unglücksfällen«[34] hatte ihn nach Österreich geführt und mit den Gräueln des Nazi-Regimes konfrontiert. Der Regisseur dachte, er könne dem Werben der Nazis widerstehen und mit dem Regime einen Kompromiss schließen. Er meinte, er könne, ohne schuldig zu werden, auch in Deutschland unsterbliche Kunstwerke schaffen. Doch bei einer Straßenparade der Nazis hob er, um unter den Passanten nicht aufzufallen, die rechte Hand zum Hitlergruß – »eine Sekunde nur, mit zuckender Schulter, danach fühlte er sich beschmutzt bis ins Innerste«.[35]

Kehlmann greift hier ein grundsätzliches Dilemma auf: Wie sauber kann man bleiben, wenn man sich im Dreck bewegt? Ja, immer wieder musste Pabst sich verbiegen, er musste schweigen, er musste einigermaßen systemtreue Filme produzieren. Hitlers Propagandaminister

Goebbels hatte das Filmgenie fest unter Kontrolle. Ohne selbst ein Nazi zu werden, geriet Pabst, so Kehlmann, in eine »rettungslose Verstrickung«[36] mit der staatlichen Ideologie – mit ihrem brutalen Antisemitismus, ihrem menschenverachtenden Rassismus, ihrer systematischen Kriegs- und Vernichtungspolitik.

In der Darstellung Kehlmanns ist Pabst auch in der Nachkriegszeit – für den Meisterregisseur »eine einzige Trostlosigkeit«[37] – gescheitert. Er galt als Opportunist, sein Ruf war beschädigt aufgrund seines Filmschaffens in der NS-Zeit. Und sein künstlerischer Verstand schien sich allmählich zu trüben. Dem verschollenen Material seines in den letzten Kriegsmonaten in Prag gedrehten Spielfilms ›Der Fall Molander‹ trauerte er endlos nach. Seine Nachkriegsfilme erreichten nicht mehr das Niveau der Vorkriegszeit, und eine Parkinson-Erkrankung beendete 1957 sein künstlerisches Schaffen.

Kehlmann lässt Pabsts Ehefrau Trude in den Nachkriegsjahren die treibende und inspirierende Kraft bei der Arbeit ihres Mannes sein. Ein Filmtechniker beschwerte sich sogar: »Immerzu wurde man von dieser Frau herumkommandiert, die offenbar den Trottel da, (…) ihren Mann, völlig in ihrer Gewalt hatte«.[38] Gertrude wiederum beklagte sich über ihren Mann: Er war in den Nachkriegsjahren »nicht mehr der gewesen, den sie gekannt hatte«.[39]

Möglicherweise ist Pabst am neuen Medium Tonfilm gescheitert, vielleicht auch einfach daran, den früheren Ruhm nicht mehr zurückerlangen zu können, vielleicht auch an der Erkenntnis, kein Held gewesen zu sein, sondern ein Angepasster. Hat er auch als Mensch, als Ehepartner und Vater seiner Söhne, in der NS-Zeit schwerwiegend versagt? Die Nachwelt kann diese Frage nicht eindeutig beantworten. Jedenfalls hat Pabst – laut Kehlmann – seinen Schuldanteil Gertrude gegenüber erkannt und bereut: »Ich habe dir so viel angetan«, sagte er zu ihr; denn er habe sie »zurück in die Hölle gebracht«,[40] nämlich zurück ins Deutsche Reich.

4. »Ti voglio bene«

Dass ein existenzielles Scheitern auch überwunden und korrigiert werden kann, zeigt der bekannte Schriftsteller und promovierte Psychologe Bodo Kirchhoff im Roman ›Seit er sein Leben mit einem Tier teilt‹ (2024). In diesem großen Alterswerk, in dem sich Kirchhoff erneut als unübertrefflicher Stilist erweist, findet der fast 75-jährige Protagonist Louis Arthur Schongauer, ein ehemaliger Filmschauspieler in Hollywood, über komplizierte Umwege zu sich selbst und zu seinem Lebensglück.

Mit seiner jungen Hündin Ascha lebt der verwitwete L. A. Schongauer allein in seiner Villa am Gardasee. Von zwei Frauen wird er aus seiner selbst gewählten Einsamkeit herausgerissen und rekapituliert sein Leben noch einmal neu. Die 24-jährige Reisebloggerin Frida Slash und die 49-jährige Journalistin Almut Stein konfrontieren ihn mit seiner Vergangenheit. Die patente, anmutige, »unverschämt junge«[41] Frida und – intensiver noch – Frau Stein, die über Schongauer ein Porträt schreiben will, stellen ihm bohrende Fragen.

Es geht in den Interviews um den mysteriösen Suizid der 24-jährigen Kostümbildnerin Lynn Kettner, Schongauers erster Liebe. Und es geht um Schongauers Ehe mit der attraktiven Tierfotografin Magdalena, die vor fünf Jahren in der Brandung vor Dakar in Westafrika unter merkwürdigen Umständen ertrunken ist.

Sein Leben lang hatte Schongauer viele »Gelegenheiten, Dinge zu tun, die man nicht tun soll«[42] und die er später bereuen musste. Zu seinem Ärger war er in Hollywood wenig erfolgreich und durfte immer nur Nebenrollen als perfider Nazi-Deutscher spielen. Stets fühlte er »die Möglichkeit des eigenen Scheiterns«.[43] Was denn in seinem Leben so »verkehrt gelaufen« sei und ihn zum »Einsiedler« gemacht habe, fragt ihn gleich zu Beginn des Interviews die Journalistin.[44] Das Scheitern und alles »Verkehrtgelaufene« in Schongauers Vita bleiben auch in weiteren Gesprächen mit Frau Stein das vorherrschende Thema.[45]

In Schongauers Innerstem wohnt eine tiefe Sehnsucht nach Leben, nach Verbundenheit, nach Liebe. Manchmal denkt er an den alten Schlager von Greta Keller: »Wenn die Sonne hinter den Dächern versinkt, bin ich mit meiner Sehnsucht allein« (1935).[46] Auf ein überwiegend trauriges, von Erfahrungen des Verlassenwerdens geprägtes Leben blickt er zurück: nicht zuletzt auf sein Martyrium in einem Kinderheim, in das er als kleiner Junge kam, als seine verzweifelte, vom Ehemann »verlassene Mutter nur noch heulte«.[47]

Das Unglück blieb Schongauer treu, auch während seiner Filmjahre. Die Kostümbildnerin Lynn wurde schwanger von ihm und reagierte in ihrer Hassliebe mit unbegreiflicher Hysterie: Sie schoss sich vor seinen Augen eine Revolverkugel in den Mund. Seither denkt er, er habe »Lynn auf dem Gewissen. Und irgendwie auch Magda.«[48]

Almut Stein, die Interviewerin, fragt ihn bedeutungsschwer bei einer gemeinsamen Bootsfahrt auf dem Gardasee: »Warum hält man einen Menschen, den man liebt, nicht davon ab, in eine Brandung zu gehen (…).«[49] Der Leser erfährt: Louis Schongauers Ehe mit Magda, die gelegentlich fremdging, war offenbar schwierig. Ob er in irgendeiner Weise mitschuldig am Tod seiner Frau war, bleibt aber ungeklärt.

Im Verlauf des immer privater werdenden Interviews stellt sich heraus: Almuts Ehe mit dem Kardiologen Bernhard Stein, der eine Intimbeziehung mit einer jungen Kollegin unterhält, ist schon so gut wie gescheitert. Dies ermöglicht wiederum, dass zwischen Almut und Louis Gefühle entstehen, die sich zu einer Liebesbeziehung entwickeln könnten. Der herzkranke Louis Schongauer, der in früheren Jahren mehrfach Schiffbruch erlitten hatte, geht davon aus, dass er nur noch eine kurze Lebensspanne hat. Aber – wird ihm vielleicht doch noch ein spätes Glück geschenkt werden?

Zunächst genießt er die Zuneigung der jungen sympathischen Frida, die ihm liebevoll, fast zärtlich begegnet – wie einem »alten Vater, der außer Wein und seinem Hund keine Freuden mehr hat«.[50] Diese neue ›Wahlverwandtschaft‹ ermutigt ihn, seine geliebte Hündin Ascha an Frida zu übergeben, weil er selbst zu alt für das quicklebendige Tier ist und weil sich Frida mit der Hündin bestens versteht. Zum Abschied drückt er die Bloggerin, die er wie eine Enkelin liebt, »für ganze Sekunden an sich«.[51] Und Almut, die dem Alter nach seine Tochter sein könnte, wird wohl Schongauers Lebensgefährtin werden. »Ich will mit dir schlafen«, sagt sie zu ihm, aber »so, dass es weder dir noch mir schadet«.[52]

»Ti voglio bene«, »Ich will dir Gutes«,[53] flüstert Almut dem Geliebten ins Ohr. Sich selbst und ihrem neuen Freund Louis stellt sie die Frage: »Haben wir etwas verpasst im Leben, von dem wir wissen, dass es anderen guttut, es als Segen existiert (…)?«[54] Mit dem Wort »Segen« nun könnte eine *spirituelle* Komponente ins Spiel kommen, die die Frage nach einem »Scheitern« des Lebens in ein anderes Licht, in eine transzendente Dimension, rückt.

Schongauer erinnert sich an seine verstorbene Magdalena, die »an die Seele und das Seeelenheil« glaubte.[55] Er hatte mit ihr »oft über die Seele« gesprochen: »was die Seele sein könnte (…), ja *ob es überhaupt ohne Gott eine Seele gäbe* und dieses Wort dann noch Gültigkeit hätte«.[56] Schongauers Gottesbeziehung scheint zwar eher schwach. Doch immerhin wagt er gelegentlich ein Gebet »zum lieben Gott«.[57] Er findet neue Hoffnung in der Zuneigung Almuts und zugleich in einem »sommerlich beschwingten Kirchenlied«,[58] das mit den Worten beginnt: »Geh aus mein Herz und suche«.[59] Gemeint ist das geistliche Lied (»Geh aus mein Herz und suche Freud«) des großen Barock-Dichters und Theologen Paul Gerhardt, das dem Lobpreis Gottes dient und – im Blick auf die göttliche Liebe – ein letztes Scheitern der gläubigen Existenz praktisch ausschließt.

5. ›Das späte Leben‹

Vom Scheitern – dem Augenschein nach – in mehrfacher
Hinsicht bedroht wirkt auch der Protagonist im schnörkel-
los geschriebenen, aber sehr gehaltvollen Altersroman
›Das späte Leben‹ (2023) des Juristen und Schriftstellers
Bernhard Schlink. Der 76-jährige Jura-Professor Martin
Brehm leidet an Bauchspeicheldrüsenkrebs und hat noch
maximal sechs Monate zu leben. Schockiert von der Dia-
gnose hat er Angst vor den bevorstehenden Schmerzen,
mehr noch vor dem Tod, »dem Nichts, der Leere, der Käl-
te«.[60]
    Fühlt sich Martin Brehm schon so gut wie tot? Denkt
er an Suizid, gibt er sich auf, verliert er im emotionalen
Chaos die Selbstbeherrschung? Manchmal kippt seine
Stimmung, und er fällt in ein depressives Loch. »Es ist ein
Auf und Ab, eine diffuse Gemengelage zwischen Trauer,
Hilflosigkeit, Trotz und der Suche nach etwas, ›was höher
ist als unsere Vernunft‹.«[61] Aber Martin verzweifelt nicht.
Er bleibt geistig voll wach und blickt abwägend zurück auf
seine wechselhafte Vita, auch auf schlimme »Erfahrungen
der Vergeblichkeit«.[62] Vor allem aber macht er sich Gedanken, wie er die verbleibende Zeitspanne möglichst sinnvoll
nutzen und was er seinen Angehörigen – seiner jungen
Frau Ulla und seinem sechsjährigen Sohn David – noch
mitgeben könne an Gutem und Schönem.
    Martins Ehefrau Ulla, Malerin und Expertin für
Kunstgeschichte, ist 33 Jahre jünger als er – eigentlich »viel
zu jung« und »viel zu schön« für ihn.[63] Aber er liebt sie
und fühlt sich von ihr geliebt. Die gemeinsamen Jahre
mit ihr betrachtet er als ein »Geschenk des Himmels«.[64]

Doch jetzt, als sterbender Mann, muss er zur Kenntnis nehmen, dass seine Ulla einen Geliebten hat: einen gutaussehenden fünfzigjährigen Mann, mit dem sie sich heimlich trifft.

Den Tod und das mögliche Zerbrechen seiner Ehe vor Augen, fragt sich Martin, was ihm im Leben gelungen war und in welchen Situationen er versagt hatte. Er zieht Bilanz, er erinnert sich an seine beruflichen Erfolge und eindringlicher noch an »seine geglückten, seine gescheiterten, seine vergeblichen Lieben«.[65] Martin denkt an seine mit Schuldgefühlen verknüpften Beziehungen zu Frauen, die ihm in früheren Zeiten nahestanden. Und mit Ullas Doppelleben versucht er sich zu arrangieren. Er will nicht eifersüchtig sein und tut Ulla gegenüber Wochen lang so, als ob er von der Existenz ihres Liebhabers nicht die mindeste Ahnung habe. »Wenn sie ein Doppelleben führte, wollte er das Leben, das sie mit ihm führte, behalten.«[66] Denn Ulla hat ihm ihre Liebe ja nicht entzogen; sie war »nicht weniger präsent, nicht weniger zugewandt, nicht weniger zärtlich als sonst«.[67]

Was Ulla ihm freilich nicht abnehmen kann, ist seine Angst vor dem Tod. Wird er, so fragt sich Martin, sterbend ins *Nichts* fallen und insofern *radikal* scheitern? Oder findet er einen Trost im christlichen Glauben? Edmund Schlink, der Vater des Autors Bernhard Schlink, war ein hoch angesehener evangelischer Theologieprofessor. Auch der Vater der Romanfigur Martin Brehm ist ein evangelischer Pastor. So liegt es sehr nahe, dass sich der todkranke Martin – in einem fiktiven Brief an seinen Sohn David – Gedanken macht über *Gott* als den Schöpfer, den Bewahrer und Vollender des Lebens.

Der kleine David hat wohl im evangelischen Kindergarten gehört, »dass man im Himmel bei Gott bleibt«.[68] Folglich fragt er den Vater, ob er, der Sterbende, nach seinem Tod »im Himmel« sein werde. Martin antwortet ihm: »Ja, David, dann bin ich im Himmel.«[69] Er gibt diese Antwort, um den Sohn zu beruhigen – obwohl Martin selbst an Gott – das heißt an der göttlichen Güte und Barmherzigkeit – erhebliche Zweifel hat.[70]

6. »Ich liebe dich«

Immerhin bleibt Martin Brehm, nach intensivem innerem Ringen, Mitglied der evangelischen Kirche. Nach wie vor liebt er »die *Matthäus*- und die *Johannespassion* und das *Weihnachtsoratorium*« von Johann Sebastian Bach.[71] Er liebt Bachs Musik und hat Respekt vor ihrem theologischen Inhalt, ihrer religiösen Aussagekraft. Den Wesenskern der christlichen Botschaft hat Martin in seinem Herzen doch wohl bewahrt. So gesehen ist es kein Selbstbetrug und keine billige Vertröstung, wenn der zweifelnde Vater zum verängstigten Sohn sagt: »Und wenn ich sterbe und in den Himmel gehe, kommst du mit bis an die Tür, wir verabschieden uns, (…) und ich gehe rein, wenn du viele, viele Jahre später auch reingehst, begrüße ich dich.«[72]

Das zentrale Thema in Schlinks Roman ist die *Liebe* – die Liebe in Verbindung mit den ›letzten Dingen‹, also dem Sterben, dem Tod und dem möglichen Leben ›danach‹. Dem Rezensenten Nils Minkmar zufolge gelingt es dem Autor besonders eindrucksvoll, die Frage nach den ›letzten Dingen‹ auch dem geneigten Leser ans Herz zu legen.[73] Für mich persönlich kann ich dieses Lob des Publizisten Nils Minkmar nur bestätigen.

Seinem Sohn David erklärt Martin im schon erwähnten Brief: »Die Liebe kann Dich verändern und zu dem machen, der Du eigentlich sein sollst und willst.«[74] Dabei meint Martin eine umfassende, eine bedingungslose Liebe, die das Erotische übersteigt: »Es muss schon die Liebe sein«, schreibt er an David, »Dich verlieben genügt nicht.«[75]

Martin sehnt sich nach einer transzendenten Liebe, die dem Tod den ›Stachel‹ nimmt (1 Kor 15,55) und den Sterbenden vor einem letzten und endgültigen Scheitern bewahrt. Doch der Liebe sei »nie wirklich« zu trauen, hat Ulla einmal zu Martin gesagt, »und es war furchtbar. So durchs Leben gehen? Nie der Liebe trauen? Niemandem in der Liebe trauen?«[76]

Martin wünscht sich so sehr, Ulla werde »lernen und David lehren, dass man der Liebe trauen kann«.[77] Martin jedenfalls glaubt an die Liebe, die mächtiger ist als der Tod. In seiner Liebe zu Ulla und zu David geht er sogar so weit, dass er sich mit Ullas Geliebtem zu verständigen versucht – in der Hoffnung, dass Ulla nach seinem Tod einen guten neuen Partner und David einen guten neuen Vater bekommen werde. Ob sich diese Hoffnung erfüllen wird, bleibt im Roman natürlich offen. Fest steht aber: Martin selbst scheitert nicht an der Liebe, im Gegenteil, er gewinnt eine neue Zuversicht, die stärker ist als seine Angst vor dem Tod als dem möglichen Nichts.

»Ich liebe dich, Ulla.« Diese Zusage Martins zieht sich durch den gesamten Roman. »Ich dich auch, Martin.«[78] Auch dieses Liebesversprechen Ullas wird vom Autor nicht infrage gestellt. Bis zuletzt versichert Ulla dem Ehemann:

»Ich liebe dich. Ich habe nie aufgehört, dich zu lieben.«[79] Auch zwischen Vater und Sohn gilt: »Ich hab dich lieb, Papa. (…) Ich dich auch, David, ich dich auch.«[80]

Martin stirbt in einem Hospiz – im Frieden mit sich selbst und den Menschen, die er liebt. Im Frieden wohl auch mit Gott, der »die Liebe ist« (1 Joh 4,8) und der den Tod, nach christlicher Überzeugung, in Leben verwandelt.

7. »Ich glaube; hilf meinem Unglauben!«

Die göttliche Liebe zu verkünden, ist die Aufgabe jedes Christen und speziell natürlich der professionellen Seelsorgerinnen und Seelsorger. Doch auch und gerade in deren Leben sind peinliche Schlappen und gefühlte oder wirkliche Misserfolge charakteristisch für ihr Wirken.

Das Scheitern oder vorübergehende Versagen als Priester der katholischen Kirche war ein literarisches Thema aller Jahrhunderte nach Christi Geburt und ist es noch heute in der postmodernen Poesie. Einer der bekanntesten Priesterromane des 20. Jahrhunderts, der mich persönlich sehr bewegt und meine eigene Berufswahl stark beeinflusst hat, ist die Erzählung des schottischen Schriftstellers Bruce Marshall ›Keiner kommt zu kurz oder Der Stundenlohn Gottes‹ (1950). Und was den Gesichtspunkt des zeitweiligen Scheiterns des geistlichen Protagonisten betrifft, haben mich der Roman ›Tagebuch eines Landpfarrers‹ (1936) des französischen Schriftstellers Georges Bernanos sowie der Roman ›Die Kraft und die Herrlichkeit‹ (1940) des britischen Erzählers und Dramatikers Graham Greene nachhaltig beeindruckt.

Den in diesen drei Romanen geschilderten Seelsorgern ist *eines* gemeinsam: Sie sind keine Siegertypen, keine Machtmenschen, keine Pfarrherren. Ihnen fehlt jeder Stolz, jede Eitelkeit. Sie wissen nur zu gut um ihre persönlichen Schwächen, ja um ihre existenziellen Abgründe. Und eben dies macht sie sympathisch.

Gerade auch der alkoholsüchtige »Schnapspriester«[81] in Graham Greenes – in den 1920er-Jahren in Lateinamerika spielenden – Roman überzeugt durch seine Humanität und seine tätige Reue. Betrunken hatte der Priester ein Kind gezeugt und sich jahrelang nicht um dessen Betreuung gekümmert. Später riskiert er als eifriger Seelsorger unter den Armen sein Leben. Schließlich wird er von regimetreuen Soldaten, die den Unterdrückern des Volkes dienen, erschossen. Seinen Tod versteht der »Schnapspriester« als Sühne für seine Schuld.

Nicht eine schuldbeladene Vergangenheit, wohl aber massive Glaubenszweifel sind das ihn anhaltend quälende Problem des Protagonisten, des jungen evangelischen Landpfarrers Ralf Henrichsen, in Dieter Wellershoffs Roman ›Der Himmel ist kein Ort‹ (2009):

Er (…) musste eine Festigkeit zeigen, die er nicht hatte. Sein eigener Ort war im Unbestimmten, nicht dort, wo er zu sein vorgab, während er hier stand und wie ein geübter Schauspieler im Tonfall innerer Gewissheit die Glaubensgeheimnisse von Tod und Auferstehung und ewigem Leben vortrug, die er immer in eine unantastbare Ferne rücken musste, um sie nicht anzuzweifeln. Für viele ältere Kollegen war das offensichtlich kein Problem. Sie lebten mit den Glaubenssätzen wie mit alten Nachbarn, die man jeden Tag grüßte und hinnahm mit allen ihren Seltsamkeiten.[82]

Als engagierter Pastor und Theologe bewegt sich Henrichsen bis zuletzt am Rande des Scheiterns. Dass er als Seelsorger gänzlich versagen wird, ist zwar, dem Romantext nach, kaum anzunehmen. Aber in seinem Herzen gibt es keine innere Sicherheit und keine religiösen Gewissheiten. Seine seelischen Konflikte werden ihn Kraft kosten und sein Wirken als Gemeindeleiter vermutlich beeinträchtigen.[83]

Erhebliche Selbstzweifel plagen auch den evangelischen Nordseeinsel-Pastor Matthias Lehmann im Familienroman ›Zur See‹ (2022) der Bestsellerautorin Dörte Hansen. Der allseits beliebte, sehr rührige Pastor weiß, dass die Leute »seinetwegen in die Kirche strömen, dass manche ihn den ›schönen Pastor‹ nennen. (…) Er hat die Gabe, Menschen zu begeistern, aufzuschließen, sie zum Glauben zu verführen, und er nutzt sie.«[84] Seine Schäfchen sind hochzufrieden mit dem Hirten: »Er predigte und sang und segnete, er leuchtete, die Funken sprangen über.«[85]

Doch der große Prediger ist nicht frei von Glaubenszweifeln, im Gegenteil: Lehmann »bluffte in den Gottesdiensten, weil er blank war. Seit Monaten kein Eingang mehr auf seinem Glaubenskonto. Jeden Morgen sagte er, wenn er den Strand entlanglief, Markus 9,24 vor sich hin (…): *Ich glaube; hilf meinem Unglauben.* Aber er betete in einen echolosen Raum, da kam kein Widerhall.«[86]

Lehmanns Glaubensnot verstärkt sich noch im Verlauf des Romans. Gleichwohl ringt der Pastor sehr ehrlich mit seinem Glauben. Er *will*, inmitten aller Glaubenskrisen, der Botschaft Jesu vertrauen: Gott ist *anwesend* – auch wenn wir ihn gerade nicht spüren. Matthias Lehmann *will* glauben: Gott ist wirklich *nahe*. Dass er als Christ, als Seelsorger, als Verkünder des Evangeliums tatsächlich gescheitert sei, kann man also nicht sagen, da täte man ihm Unrecht.[87]

8. Von Priestern und Pastorinnen

Als einen guten Seelsorger und sehr einfühlsamen Menschen mit kleinen Schwächen, die ihn eher noch liebenswürdiger machen, beschreibt die Schriftstellerin Petra Morsbach – in ihrem Priesterroman ›Gottesdiener‹ (2009) – den katholischen Dorfpfarrer Isidor Rattenhuber. Er hat persönliche Schwierigkeiten mit dem Zölibat, weil er eine Frau liebt. Sein eigentliches Problem aber ist die Frage nach *Gott*. Manchmal, wenn er im Gebet »an eine Wand hin« redet, zweifelt er an Gott: »Entweder war er Gott gleichgültig, oder es gab gar keinen Gott.«[88] Gibt es in unserer Welt, so fragt er sich, nicht zu viele Ungereimtheiten, zu viel Schmerz und Leid? »Vielleicht sind wir«, meint der Pfarrer, »gar nicht die Schöpfung eines liebenden Vaters, sondern das Spielzeug eines launischen Kindes? Nicht ob es Gott gibt, wäre also die Frage, sondern, ob er gütig ist. Der Glaubensakt bestand darin, ihn für gütig zu halten.«[89]

Der Pfarrer hätte, in der Konsequenz seines Zweifels, auch fragen können: Ist womöglich *Gott* an seinem Schöpfungswerk gescheitert? Doch ähnlich wie Ralf Henrichsen in Wellershoffs Roman oder Matthias Lehmann in Hansens Roman ist auch Isidor Rattenhuber zweifelsfrei der gute Wille zu attestieren: Er tut sein Bestes und versagt als Seelenhirt keineswegs.[90]

Einschneidender indessen wirkt der vorübergehende Glaubensverlust der Protagonistin in dem – von der Literaturkritik einhellig gerühmten – Entwicklungs- und Reifungsroman ›Die Ewigkeit ist ein guter Ort‹ (2022), verfasst von der Schriftstellerin und Filmemacherin Tamar Noort. Die Ich-Erzählerin Elke, eine junge Pastorin, die als Sterbebegleiterin arbeitet, zweifelte bislang nie am Dasein eines gütigen Gottes. In der Rückschau auf ihre Kindheit und Jugendzeit sagt sie: »So fühlte Gott sich für mich an: wie eine Kette aus warmem Licht, die sich durch mein Leben zog. Meine Liebe zu Gott bestand aus der Gewissheit, dass die kleinen dunklen Strecken dazwischen nur kurze Intervalle waren.«[91]

Plötzlich aber beginnt sie, unter »fortschreitender Gottdemenz« zu leiden.[92] Sie kann sich nicht mehr an den Wortlaut des Vaterunsers erinnern, ja, es kommt noch schlimmer: Kein einziges christliches Gebet kann sie in ihrem Gedächtnis behalten. Ansonsten aber funktioniert ihr Verstand völlig normal. Nur – Elke verliert ihren Glauben an Gott und sieht sich scheitern als Pfarrerin.

Aufgrund ihrer Begegnung mit der taffen Nachbarpastorin Nadja Scholz allerdings und nach völlig neuen spirituellen Erfahrungen findet Elke, Schritt für Schritt, zum Glauben zurück. Auf der letzten Romanseite zeichnet sich ab: Die dreißigjährige Elke wird die Pastorenstelle ihres kranken Vaters übernehmen – nicht nur, um dem pensionsreifen Mann einen Herzenswunsch zu erfüllen, sondern infolge ihrer ureigenen, in tiefem Leid-

und in ebenso tiefen Glückserlebnissen gereiften Entscheidung.[93]

Unwiderruflich hingegen erscheint das tragikomische Scheitern des übergewichtigen, der Esslust verfallenen katholischen Pfarrers Martin Friedland im Familienroman ›F‹ (2013) des Schriftstellers Daniel Kehlmann. Zum traditionellen kirchlichen Credo bemerkt der notorische Zweifler Friedland: »Ich räuspere mich und trage vor, *was ich gern glauben würde*: Gott, der Allmächtige, Jesus, sein Sohn, gekreuzigt, gestorben und begraben, am dritten Tage auferstanden, aufgefahren in den Himmel, von wo er kommen wird zu richten die Lebenden und die Toten. Der Heilige Geist, die Auferstehung, die Gemeinschaft der Heiligen und das ewige Leben. *Ja, es wäre schön.*«[94]

Insofern also ist Martin kein Heuchler, als er ja wirklich glauben *möchte*. Der Religionspädagoge Georg Langenhorst bezeichnete die Romanfigur Martin Friedland als einen »glaubenslosen Glaubenssucher«,[95] als einen der Intention nach religiösen Menschen, »sich nach Glauben sehnend, aber glaubenslos«.[96] Man könnte auch sagen: Der an Gott zweifelnde Martin Friedland steht für einen modernen Pfarrertyp, der sich seiner selbst nicht sicher ist, der seine menschlichen Fehler hat, sich aber, trotz seiner Zweifel, ehrlichen Herzens darum bemüht, ein guter Seelsorger zu sein.[97]

Martin Friedland ist kein rundherum ›unwürdiger‹ Priester. Ein echtes, überaus trauriges, ja verbrecherisches Scheitern im priesterlichen Dienst hingegen dokumentiert Petra Morsbach in ihrem Essay-Buch ›Der Elefant im Zimmer‹ (2020). Sorgfältig und sachkundig analysiert die Autorin den sexuellen Missbrauch von Minderjährigen und

Schutzbefohlenen im Bereich des Erzbistums Wien. Im Zentrum ihrer Darstellung steht das skandalöse Verhalten des Benediktinerpaters und späteren Wiener Kardinals Hans Hermann Groër (1919–2003).[98]

Ihr sollt sein wie ein Fenster,
durch das Gottes Güte
in die Welt hineinleuchten kann.
EDITH STEIN

Kapitel VI
Vom ›Scheitern‹ in Gesellschaft und Kirche

Natürlich hat das menschliche Scheitern nicht nur eine individuelle, sondern ebenso eine kollektive, gesellschaftspolitische Dimension. Ich denke an die Corona-Pandemie, die Weltwirtschaftskrisen, die vielen gescheiterten Friedensbemühungen im Nahen Osten und an vielen anderen Krisenherden der Welt. Ich denke an die vergeblichen Versuche, den Krieg in der Ukraine zu beenden, nicht zuletzt an die wenig erfolgreichen Klimakonferenzen der UNO, auch an die katastrophale Migrationspolitik eines zerstrittenen, selbstsüchtigen, auf die materielle und kulturelle Besitzstandswahrung bedachten Europa. Dabei vergessen oder verdrängen die Staaten der ›Ersten und Zweiten Welt‹ ihre historische Verantwortung für die Verbrechen ihrer kolonialen Vergangenheit.

Die Europäer und die USA scheitern – aus meiner Sicht – moralisch mit ihrer inhumanen Abschottungspolitik gegenüber Flüchtlingen und ihrem Insistieren auf massive Waffenlieferungen in Kriegsgebiete.[1] Sie scheitern mit ihrem bedingungslosen Ja zu militärischer Gegengewalt in der Ukraine. Das in Deutschland und in vielen anderen Ländern Europas seit dem Ende des Zweiten Weltkriegs jahrzehntelang geltende Prinzip einer Ächtung des Krieges als Mittel der Politik wird leider nicht mehr befolgt. Nicht weniger inhuman und destruktiv finde ich den ökonomischen Protektionismus der entwickelten Länder, die ihre eigenen Volkswirtschaften durch Zölle und Vorschriften vor Importen aus Drittweltstaaten schützen, deren Rohstoffe sie aber ausbeuten und deren Märkte sie mit eigenen Produkten fluten und ruinieren.

Auch die christlichen Kirchen drohen in ihren zögerlichen Reformbestrebungen, in ihrer schleppenden Aufarbeitung der globalen Missbrauchsskandale, im allzu zaghaften Bemühen um weitere ökumenische Fortschritte, vor allem aber in ihrer zentralen Aufgabe – der glaubwürdigen, moderne Menschen ansprechenden Verkündigung des Evangeliums – zu versagen. In der weltweiten Gesellschaftspolitik, in mancher Hinsicht auch im kirchlichen Bereich, fehlt es, meine ich, an wahrer Menschlichkeit. So stimme ich der österreichischen Theologin und Ordensfrau Martha Zechmeister zu: »Für mich gibt es einen einzigen Gottesbeweis (alle anderen sind nette Versuche): Wenn in unserer Welt, so wie sie beschaffen ist, ein Mensch erscheint, der wirklich menschlich ist. Dort bricht Gott in unsere Welt ein.«[2]

1. Zur Ambivalenz des ›Scheiterns‹ im Weltgeschehen

Wenn wir auf die bekannten Ereignisse der Weltgeschichte schauen, stoßen wir – jedenfalls auf den ersten Blick – auf ein Scheitern an allen Ecken und Enden. Exemplarisch greife ich einige historische Fakten auf, frage mich aber zugleich: Muss man in diesen Fällen immer sofort von Verlusten, von totalem Scheitern sprechen? Oder könnte im einen oder anderen Falle hinter dem vermeintlichen Scheitern auch ein moralischer ›Gewinn‹, eine wegweisende Vorwegnahme eines künftigen Fortschritts zu erkennen sein? Und umgekehrt: Sind augenscheinliche Erfolge nicht allzu oft mit großer menschlicher Schuld und abgründigem moralischen Scheitern verbunden?

Über viele Jahrhunderte hinweg richtete sich die Geschichtsschreibung fast ausschließlich an militärischen Ereignissen aus, an ›gewonnenen‹ oder ›verlorenen‹ Kriegen. Kulturelle, ethnische, soziologische und andere Aspekte wurden weitgehend ausgeblendet und kamen erst im Lauf des 20. Jahrhunderts in den Blick. Überdies ist zu beachten: Die Begriffe ›Erfolg‹ und ›Misserfolg‹ sind oftmals ambivalent. Auch gibt es zwischen ›Schwarz‹ und ›Weiß‹, ›Gut‹ und ›Böse‹, ›Richtig‹ und ›Falsch‹ noch viele Grauzonen und bunte Zwischentöne.

Ist etwa der ägyptische Pharao Echnaton (1372–1337 v. Chr.) gescheitert, der den Monotheismus einsetzen wollte, sich mit diesem Vorhaben aber nicht durchsetzen konnte, weil sich das Volk und die Priester dagegen zur Wehr setzten? Dem bekannten Religionswissenschaftler Jan Assmann zufolge bedeutete Echnatons Versuch immerhin einen tiefen Einschnitt in die polytheistische Kultur, der zwar noch keineswegs alle Kriterien des späteren Monotheismus erfüllte, aber eine künftige Weiterentwicklung der Religionen verhieß.[3]

Was heißt eigentlich ›Erfolg‹? Höchst fragwürdig finde ich die politischen und militärischen Durchbrüche des makedonischen Königs Alexander des Großen (356– 323 v. Chr.). Die historischen Berichte erzählen meist nur von den großartigen Siegen; vom Leid, vom unermesslichen Elend der Opfer ist wenig die Rede. Alexander war ein rücksichtsloser Kriegsmann, einer der brutalsten Schlächter der europäischen Antike. Doch zum Kulturschöpfer konnte er sich nur in sehr geringem Ausmaß entfalten.[4] Andererseits hat sein ›Siegeszug‹ dazu geführt, den Hellenismus im gesamten Nahen und Mittleren Osten zur ›Leitkultur‹ zu machen und für Jahrhunderte zu einem homogenen Kulturraum zu verschmelzen. Ob das nun ›gut‹ war oder ›schlecht‹, ist eine Frage der Interpretation und der Perspektive des Betrachters.

Der bekannte, auf die extrem problematischen, viel zu teuer erkauften Siege des altgriechischen Königs Pyrrhos I. zurückgehende Begriff ›Pyrrhus-Sieg‹ trifft meines Erachtens auf *alle* kriegerischen Auseinandersetzungen zu. Ein sehr anschauliches Beispiel lieferte der große karthagische Feldherr Hannibal (247–183 v. Chr.), der im Zweiten Punischen Krieg einen Sieg nach dem anderen einfuhr, am Ende aber alles verlor und im Suizid schließlich scheiterte. Auch der gefeierte römische Feldherr und Staatsmann Gaius Julius Caesar (100–44 v. Chr.) siegte und siegte, wurde aber am Ende ermordet.

Viele Kriege wurden ›im Namen Gottes‹ geführt. So wurden unter schändlicher Berufung auf den christlichen

Glauben die mittelalterlichen – von den Päpsten propagierten und protegierten – Kreuzzüge religiös gerechtfertigt.

Doch die Kreuzritter scheiterten nicht nur militärisch, indem sie diese Kriege (vom ersten Feldzug abgesehen) verloren. Sie scheiterten vor allem als Christen, insofern sie die klare Aufforderung Jesu, des Friedensfürsten, zum Verzicht auf jegliche Gewalt (Mt 5,39–48) aufs Gröbste missachteten.[5] Dasselbe gilt für unzählige andere Kriege, insbesondere die im Namen der christlichen Mission geführten Kolonialkriege gegen die ›Eingeborenen‹.[6]

Ist auch der Reformator Martin Luther gescheitert? Mit dem Versuch, die katholische Kirche grundlegend zu erneuern, stieß er auf Granit. Rom hat ja keinerlei Zugeständnisse gemacht. Andererseits hat der Ex-Augustinermönch Luther sehr wertvolle Impulse gegeben, die nicht nur für die reformatorischen Kirchen, sondern, wie sich später im Verlauf des Zweiten Vatikanischen Konzils zeigte, auch für die römisch-katholische Kirche durchaus fruchtbar wurden.[7]

2. Militärische Übermacht und gewaltfreier Widerstand

Schon mancher wollte, wie Luther, das Beste und musste erfahren: Der gute Wille wird auf Erden nicht immer belohnt. Die Häuptlingstochter Pocahontas zum Beispiel (1595–1617) wirkte segensreich als Vermittlerin zwischen den Indianerstämmen der Virginia-Algonkin und den britischen Kolonialisten. Ihr Wunsch nach einer friedlichen

Besiedlung Nordamerikas durch die Europäer blieb jedoch unerfüllt.

Politisch gescheitert ist auch der hoch angesehene Shawnee-Häuptling Tecumseh (1768–1813). Sein Leben lang verfolgte er den Traum, alle Indianerstämme zu einigen, anschließend mit militärischer Stärke die weißen Eindringlinge zum Frieden zu zwingen und einen Rest eigenen Territoriums zu behalten. Alles umsonst und vergeblich!

Manchmal aber folgt dem einstweiligen Scheitern ein nachhaltiges Gelingen. So führte etwa die Politik der Sklavenbefreiung durch den US-Präsidenten Abraham Lincoln (1809–1865) zur Abspaltung einiger Südstaaten und zum Bürgerkrieg. Lincoln wurde schließlich bei einem Attentat ermordet. Doch die staatliche Einheit der USA konnte wiederhergestellt werden, und die Abschaffung der Sklaverei war nicht mehr rückgängig zu machen. (Was für die ehemaligen Sklaven allerdings noch längst nicht die Gleichberechtigung bedeutete. »One man – one vote« dauerte bis zur Durchsetzung noch länger als hundert Jahre.)

Erfolglos indessen blieb der zivile wie auch der militärische Widerstand gegen den größenwahnsinnigen Reichsführer und Kapitalverbrecher Adolf Hitler. Prominente und auch weniger bekannte Köpfe der Opposition gegen Hitler (wie die Geschwister Scholl, der Jurist Helmuth James Graf von Moltke, der Jesuitenpater Alfred Delp, der katholische Pazifist und Ökumeniker Max Josef Metzger, der Landwirt und Kriegsdienstverweigerer Franz Jägerstätter, der Einzelkämpfer Georg Elser, der evangelische Theologe Dietrich Bonhoeffer, der Generalstabs-Oberst Claus Schenk Graf von Stauffenberg und weitere hohe, nationalkonservativ eingestellte Offiziere) wurden umgebracht. Aber moralisch sind sie die Sieger geblieben. Sie stehen bis heute stellvertretend für Recht und Anstand, für Todesmut und Aufrichtigkeit.

Seit 1948 ist der ›Nahost-Konflikt‹ ein permanentes Thema der Weltpolitik. Neuerdings lassen Terroristen der Hamas-Bewegung oder der rechtspopulistische israelische Ministerpräsident Netanjahu den Konflikt in verbrecherischer Weise eskalieren. Der frühere israelische Ministerpräsident Yitzchak Rabin (1922–1995) ist leider daran gescheitert, die Israelis von der Zwei-Staaten-Lösung im Palästina-Konflikt zu überzeugen.[8] Wie so viele andere Friedenspolitiker wurde er umgebracht. Aber hoffentlich wird er posthum doch noch Recht bekommen.

An solchen Beispielen zeigt sich: Ob jemand ›gescheitert‹ ist oder nicht, lässt sich kaum eindeutig beantworten. Ist etwa der US-amerikanische Baptistenpastor und Bürgerrechtler Martin Luther King (1929–1968) mit seinem Konzept des gewaltfreien Widerstands wirklich gescheitert? Oder zählt er nicht – ähnlich wie der lateinamerikanische Erzbischof, Befreiungstheologe und Friedensvermittler Óscar Romero – zu den vielen, die sich fürs Erste nicht durchsetzen konnten, die ermordet wurden, aber ein Leuchtzeichen setzten, das die Nachwelt nicht ignorieren darf?

Ein letztes Exempel aus neuester Zeit: Für die meisten Zeitgenossen völlig unverständlich, kehrte der russische Putin-Gegner Alexei Navalny Anfang 2021 freiwillig aus seinem deutschen Exil in die russische Heimat zurück, obwohl er genau wusste, dass ihm dort langjährige Inhaftierung und Folter drohten. Vordergründig gesehen, ist

Navalny gescheitert. Am 16. Februar 2024 erfuhr man von seinem Tod in einem russischen Straflager. Höchstwahrscheinlich wurde er umgebracht. Somit stellte Navalny, wie der katholische Theologe und Ethiker Dietmar Mieth kommentierte, »Putins unmenschliches Regime bloß und wurde zu einem internationalen Symbol des Widerstands«.[9]

So gesehen, könnte Navalny posthum doch noch ›gesiegt‹ haben. Fest steht jedenfalls: Alexei Navalny war ein tiefgläubiger Christ. Auf eine Interviewfrage, wer der beste Politiker sei, antwortete er mit einem Lächeln: Jesus. Dazu bemerkte Dietmar Mieth: »Mit seiner Rückkehr nach Russland (…) scheint mir deutlich, wie Nawalny der Selbstauslieferung Jesu nachfolgte. Im Lukasevangelium heißt es, Jesus habe sein Antlitz nach Jerusalem gewandt und schon vorher begonnen, zu den – darüber verwunderten, ja skandalisierten – Aposteln über sein Leiden und sein Sterben zu sprechen (vgl. Lk 9,22).«[10]

3. Jeder Krieg: eine Niederlage der Menschheit

Nach christlichem Verständnis wurde Jesu ›Scheitern‹ am Kreuz durch den Ostersieg überwunden. Aber hat sich das Evangelium Jesu von der universalen, auf jede Gewalt verzichtenden, zur Herrlichkeit Gottes führenden Liebe in der Welt wirklich durchgesetzt?

Wie die Weltgeschichte könnte auch die Christentums- und die Kirchengeschichte als eine Geschichte des ›Scheiterns‹ beschrieben werden. Die christlichen Kirchen blieben bislang, was ihre Lehre wie auch ihr öffentliches

Wirken betrifft, hinter der eigentlichen Botschaft Jesu weit zurück. Man denke nur, um besonders krasse Beispiele anzuführen, an die Hexenverbrennungen bis in die frühe Neuzeit hinein und an die frühere kirchliche Lehre vom ›Heiligen Krieg‹ gegen die ›Ungläubigen‹![11] Dennoch wäre es einseitig und ungerecht, ausschließlich nur vom ›Scheitern‹ der Kirchen und ihrer offiziellen Vertreter zu sprechen. Nein, es gibt auch Positives zu berichten.

Ein Streifzug durch die gesamte Kirchengeschichte würde den Rahmen meines Büchleins sprengen. Um unverzüglich die gegenwärtige Situation der römisch-katholischen Amtskirche und der reformatorischen Kirchen anzusprechen (die orthodoxen Ostkirchen klammere ich aus, obwohl sie in den aktuellen politischen Konflikten eine wichtige Rolle spielen): Die v. a. seit 2010 bekannt gewordenen Missbrauchsskandale in aller Welt haben die Autorität und die Glaubwürdigkeit der Kirchen weitgehend erschüttert. Andererseits sehe ich, neben gravierenden Missständen, auch bedeutsame Signale der Hoffnung.

Nicht nur ›linke‹ protestantische Kirchenführer oder Theologinnen und Theologen (Margot Käßmann und Eugen Drewermann insbesondere) mahnen im Sinne Jesu zu mehr Humanität und zu einem umfassenden Schutz des Lebens, ja zu einer bedingungslosen *Liebe*, die niemanden ausschließt.[12] Auch der kirchenpolitisch höchst konservative polnische Papst Johannes Paul II. setzte sich vehement für den Weltfrieden ein. Jeder Krieg sei eine Niederlage der Menschheit, hat er mehrfach betont.[13]

In erster Linie ruft der – von der lateinamerikanischen Befreiungstheologie geprägte – Papst Franziskus unermüdlich zum Weltfrieden auf. In seiner Enzyklika ›Fratelli tutti‹ (2020) stellte er mit starken Worten klar: »Krieg ist kein Gespenst der Vergangenheit, sondern ist zu einer ständigen Bedrohung geworden. Die Welt tut sich immer schwerer auf dem langsamen Weg zum Frieden, den sie eingeschlagen hatte und der allmählich Früchte zu tragen begann. (…) So entscheidet man sich dann leicht zum Krieg unter allen möglichen angeblich humanitären, defensiven oder präventiven Vorwänden, einschließlich der Manipulation von Informationen.«[14]

Mit einem flammenden Appell, in einem mitleidenden, an die Allerärmsten denkenden Aufschrei verweist Franziskus auf die Schmerzen der Kriegsopfer und ihrer Angehörigen:

Jeder Krieg hinterlässt die Welt schlechter, als er sie vorgefunden hat. Krieg ist ein Versagen der Politik und der Menschheit, eine beschämende Kapitulation, eine Niederlage gegenüber den Mächten des Bösen. Halten wir uns nicht mit theoretischen Diskussionen auf, sondern treten wir in Kontakt mit den Wunden, berühren wir das Fleisch der Verletzten. Schauen wir auf die vielen massakrierten Zivilisten als ›Kollateralschäden‹. Fragen wir die Opfer. Achten wir auf die Flüchtlinge, (…) auf die Frauen, die ihre Kinder verloren haben, auf die Kinder, die verstümmelt oder ihrer Kindheit beraubt wurden.[15]

Auch im Internet warnt Papst Franziskus immer und immer wieder vor bewaffneten Auseinandersetzungen in aller Welt: »Gott ist Frieden und will den Frieden. Wer an ihn glaubt, muss den Krieg ablehnen, denn er löst Konflikte nicht, sondern steigert sie. Der Krieg (…) eröffnet keine Perspektiven, sondern löscht die Hoffnung aus.«[16]

An die Kriegsparteien in Russland und in der Ukraine gewandt – und ohne zwischen Angreifern und Verteidigern deutlich zu unterscheiden[17] –, fleht der Jesuit Franziskus seit dem Beginn dieses Vernichtungskrieges (im Februar 2022): »Hört auf, Brüder, hört auf, hört auf, hört auf!«[18] Der Papst wendet sich konsequent gegen die tödliche »Logik der Waffen und des Krieges«. Und er verweist zu Recht nicht nur auf den engen Zusammenhang von Frieden und sozialer Gerechtigkeit, sondern ebenso dringlich auf die Notwendigkeit einer ökologisch verantworteten Umweltpolitik als Voraussetzung für den Weltfrieden.

4. Die Kirchenreform – am Rande des Scheiterns

Als Friedensdiplomat und hartnäckiger Mahner zu politischen Verhandlungen war Papst Franziskus freilich bisher nicht wirklich erfolgreich – zumal er, für ›Realpolitiker‹ völlig unverständlich, *jeden* Krieg, auch jeden Verteidigungskrieg, als »Wahnsinn«, als eklatantes Scheitern der Menschlichkeit strikt verurteilt. Aus diesem Grund kritisierten ihn deutsche Politiker fast aller Parteien (allen voran die ›christlichen‹) aufs Schärfste und warfen ihm seine ›Naivität‹, seine politische ›Ahnungslosigkeit‹ vor. Aufgrund meines christlichen, an der Bergpredigt Jesu orientierten Glaubens sehe ich die gegenwärtige Bedrohungslage ganz anders. Gewiss, Franziskus' radikal pazifistische Position mag in mancher Hinsicht anfechtbar sein. Ich frage mich allerdings: Ist es, verglichen mit pazifistisch-jesuanischen Optionen, nicht noch viel naiveres Wunschdenken, an einen ›Sieg‹ über einen gewissen- und bedenkenlosen Aggressor wie Wladimir Putin zu glauben und dabei vorrangig (oder sogar ausschließlich) auf militärische Mittel zu setzen?[19]

Dem kirchenpolitischen Handeln und der theologischen Ausrichtung des Papstes Franziskus kommt – viel deutlicher noch als bei seinen Vorgängern – eine weitreichende, dezidiert gesellschaftspolitische Relevanz zu. Insofern sehe ich in Papst Jorge Bergoglio einen prophetischen Visionär.

Auf einem ganz anderen Blatt aber steht das Verhalten des argentinischen Papstes im Blick auf dringend nötige innerkirchliche Reformen. Franziskus steht offenbar zwischen zwei sich heftig streitenden Lagern und sucht klare Entscheidungen zu vermeiden. Somit begibt er sich in die Gefahr, sich zwischen sämtliche Stühle zu setzen und überall anzuecken. Einerseits wettert er seit Beginn seines Pontifikats gegen den »Klerikalismus« und ruft ständig zu einschneidenden Reformen auf (womit er sich den Zorn der Erzkonservativen zugezogen hat). Andererseits hat Franziskus (vielleicht getrieben von einflussreichen Kardinälen und falsch oder unzureichend informiert von reaktionären, reform-unwilligen Kreisen) die konkreten, theologisch bestens fundierten Reformbestrebungen des – Ende 2019 initiierten – deutschen ›Synodalen Weges‹ wiederholt blockiert und als ›protestantisierenden Irrweg‹ verunglimpft.

Ich bin fest davon überzeugt: Wir brauchen in der Kirche endlich Transparenz. Wir brauchen keine Klüngeleien und Intrigen, sondern eine faire, argumentative, dialogfähige Streitkultur. Wir brauchen – unter anderem – regionale Selbstständigkeit, also den Abbau des römischen Zentralismus und überhaupt der hierarchischen, machtbesessenen Strukturen: zugunsten eines zügigen Aufbaus von ›synodalen‹, demokratisch strukturierten Entscheidungsgremien auf ortskirchlicher Ebene. Wir brauchen auf allen Ebenen (von der päpstlichen Leitung über die Bistümer bis hin zu den einzelnen Pfarrgemeinden) eine ›Gewaltenteilung‹: so dass nicht einer allein, ohne jede Kontrollinstanz, über alles bestimmen kann. Wir brauchen eine volle Gleichberechtigung von Männern und Frauen (was die Öffnung *aller* kirchlichen Ämter für Frauen miteinschließt). Wir brauchen auch eine Freistellung des priesterlichen Zölibats. Und wir brauchen – wichtiger noch – eine realitätsbezogene, menschenfreundliche Sexualethik, die die Erkenntnisse der modernen Human- und Naturwissenschaften nicht länger ignoriert.

Sollten alle diese vernünftigen, dem Evangelium Jesu gemäßen und längst überfälligen Forderungen realisiert werden, hätte es die Kirche in einer profanen Welt immer noch schwer genug. Aber sie könnte an gesellschaftlicher Relevanz und an spiritueller Strahlkraft gewinnen. Sollten die notwendigen Veränderungen aber weiterhin am römischen Widerstand abprallen und somit endgültig scheitern, hätte die katholische Kirche, zumindest in Europa, wohl keine Zukunft mehr. Aber Gott wäre nicht Gott, wenn er die Welt und die Kirche nicht retten könnte, auch ohne die Mitwirkung Roms.

5. Die frohe Botschaft

Von vielfältigen Facetten des Scheiterns im gesellschaftlichen wie im kirchlichen Bereich war in diesem Kapitel die Rede. Massives Unrecht, geplatzte Träume, enttäuschte Hoffnungen, sie scheinen zu dominieren – nicht nur im Schicksal einzelner Personen, sondern auch im großen Weltgetriebe. Ermordete Friedensbotschafter, abgewählte oder ›zurückgepfiffene‹ auf Verständigung und Versöhnung bedachte Politiker, ausgebremste Reformer – wir finden sie immer und überall auf der Welt. Zum Großteil ist das Weltgeschehen, so könnte man meinen, eine Geschichte des Scheiterns. Wir haben aber auch gesehen: Manches vordergründige Scheitern kann als Verheißung künftiger sozialer Fortschritte betrachtet werden. Auch einstweilige Verlierer im Kampf um mehr Menschlichkeit und mehr Gerechtigkeit schreiben Geschichte, und sie können den Weg bereiten für notwendige Veränderungen.

Weil unsere Welt sehr unvollkommen ist und weil unser tiefstes menschliches Streben über alles Erreichte und über alles auf Erden Erreichbare hinausweist, muss das Scheitern – mit dem Existenzphilosophen Karl Jaspers – als Konstante des menschlichen Daseins gedeutet werden. Ja, mit dem Theologen Ladislaus Boros gesprochen ist das Scheitern ein Existenzial unseres Lebens, das sich ins immer noch Größere und immer noch Schönere »hineinträumt« und gerade so das mögliche Scheitern provoziert.[20]

Warum aber muss unser Scheitern keine Katastrophe bedeuten? Zum einen: Wir können im Scheitern etwas lernen, wir können über uns hinauswachsen. Nach dem

Misslingen eines gut gemeinten Vorhabens können wir sogar noch einen wichtigen Zuwachs an Leben gewinnen, indem wir neue Möglichkeiten in uns selbst und in unserem Umfeld erkennen. Zum anderen – und dies ist die Hauptsache – sind es im Letzten nicht wir selbst, die die Welt zu retten vermögen, sondern die unergründlichen Heilstaten *Gottes*. Dieser Gott, so schrieb Paulus an die Christengemeinde in Philippi, »der bei euch das gute Werk begonnen hat, wird es auch vollenden bis zum Tag Jesu Christi« (Phil 1,6).

Gott selbst wird – so lautet die frohe Botschaft Jesu – alles zum guten Ende führen. Deshalb bin ich als Christ davon überzeugt, dass unser menschliches Scheitern nicht das letzte Wort haben kann. Auch aus unserem Versagen, unserem Misserfolg, unserem Scheitern wird Gott noch etwas Gutes machen.

Wie es im ›Exsultet‹, dem großen Lobgesang zu Beginn der liturgischen Osternachtfeier, heißt, hat Gott die Schuld Adams durch Jesu Kreuz und Auferweckung in eine »glückliche Schuld« (»felix culpa«) verwandelt. So dürfen wir darauf vertrauen, dass Gott in seinem geheimnisvollen, unser menschliches Begreifen übersteigenden Heilswillen alles »sehr gut« (Gen 1,31) machen und seine noch im Werden befindliche Schöpfung wunderbar vollenden wird.

Analog zur »glücklichen Schuld« des ersten Menschenpaars wird – darauf hoffe ich und daran glaube ich – ein ›glückliches Scheitern‹ des Menschen die befreiende Antwort sein, die von Gott kommt. Das heißt nun freilich nicht, dass Gott uns nicht mit-wirken lässt am Gelingen seines Heilswirkens. Nein, Gott hat uns dazu berufen, an

seinem Schöpfungswerk – als »work in progress« – mitzu-
arbeiten.[21]

Im Blick auf das viele Dunkle und das viele Böse in
der Welt müssen sich alle Menschen guten Willens, Christen wie Nichtchristen, der Frage stellen: Was kann ich im
Rahmen meiner Möglichkeiten beitragen zum Aufbau einer besseren, menschlicheren Welt? Wie kann ich im eigenen Umfeld werben für mehr Barmherzigkeit, mehr Sorg-
falt, mehr Bereitschaft zu Verständigung und konstruktiver
Auseinandersetzung? Wie kann ich selbst mehr Güte und
Achtsamkeit in die Welt bringen?

Unsere Aufgabe ist es, Güte und Liebe auszustreuen.
Die *Vollendung* aber jeder individuellen Lebensgeschichte
wie auch der Weltgeschichte ist nicht Menschen-, sondern
Gotteswerk. Ich denke dabei an das hintergründige, von
den drei Synoptikern Markus, Matthäus und Lukas überlieferte Jesus-Gleichnis vom Sämann und vom vierfachen
Ackerboden: Viele oder die meisten Samenkörner fallen
auf schlechten Boden und bringen keine Frucht.

Mit dem Sämann meint Jesus wahrscheinlich sich
selbst. Die Parabel lässt den Schluss zu: Jesus hat mit dem
Scheitern seiner Botschaft gerechnet. Er sah, dass die
Chance sehr gering war, dass seine Predigt gehört und befolgt würde.

Aber auch uns selbst können wir im Sämann erkennen. Warum scheint unsere Mühe so häufig umsonst? Machen wir etwas falsch? Gewiss, oft sind wir selber schuld,
wenn etwas missglückt. Aber – gibt es vielleicht einen noch
anderen, tieferen Grund für das Scheitern in unserem Leben?

Ja, diesen tieferen Grund gibt es. Es führt kein anderer Weg zum vollen Leben als der Weg durch den Tod. Ich meine, gerade dies ist der entscheidende Trost des Gleichnisses vom Sämann, gerade dies ist die große Überraschung des Evangeliums: Trotz aller augenscheinlichen Misserfolge erreicht das Wort Gottes – wie der Bibelexeget Otto Knoch in seiner Deutung der Parabel hervorhebt[22] – schließlich doch sein Ziel: »Ein Teil aber fiel auf guten Boden und brachte Frucht, dreißigfach, sechzigfach, hundertfach« (Mt 13,8).

Mir sagt dieses Gleichnis: Trotz aller Widerstände wird Gottes Liebe sich durchsetzen. Die wenigen Samenkörner, die aufgehen, machen alles gut, was zunächst wie verloren schien. Am Ende der Weltgeschichte steht *Gottes* Erfolg. Ja, ich wage die Interpretation des Gleichnisses: Alle Saatkörner, auch die scheinbar vergeblichen, fallen in die Hand Gottes, der sie aufbewahrt für eine unvergängliche Ernte – im »neuen Jerusalem« (Offb 21,1–7), im endgültigen »Reich Gottes«, das die Weltgeschichte transzendiert.

Dank

Eva-Maria Kautz und Werner Kittstein danke ich für die kritische Begleitung während der Entstehung des Buchs, Marianne Hermann und Eva-Maria Kautz für das Mitlesen der Korrekturen, Anni Eschenbach, Helmut Friedl, Judith Jäger, Cornelia May, Sigrid Pflug, Kyrilla Schweitzer, Peter Seidel und Gretl Uhl für wichtige Gesprächsbeiträge, die in das Buch miteingeflossen sind.

Kaufering, im Juli 2024

Hermann Wohlgschaft

Anmerkungen

Einleitung

1 Daniel Kehlmann: Lichtspiel. Hamburg 2023, S. 352.
2 Zit. nach dem digitalen Wörterbuch der deutschen Sprache.
3 Besonders eingängig und populär im Welterfolg der Gruppe ABBA: ›The winner takes it all!‹
4 Martin Buber: Die Opferung Isaaks. In: Frankfurter Hefte. Zeitschrift für Kultur und Politik 6 (1951), S. 195f.
5 Gonsalv Mainberger: Jesus starb – umsonst. Sätze, die wir noch glauben können. Freiburg 1970.
6 Konstantin Wecker: Die Kunst des Scheiterns. Tausend unmögliche Wege, das Glück zu finden. München 2007.

Kapitel I
Das Motiv des Scheiterns in Mythen, Märchen und Sagen

1 Vgl. Homer: Odyssee. 11. Gesang, Verse 593–600.
2 Herta Müller: Atemschaukel. Frankfurt a. M. 2011, S. 86ff.
3 Karl Marx: Differenz der demokritischen und epikureischen Naturphilosophie. Dissertation, Vorrede (1841).
4 Vgl. Robert von Ranke-Graves: Griechische Mythologie. Reinbek 1984, S. 98–101.
5 Vgl. Hermann Wohlgschaft: Die Sehnsucht des Menschen – eine Liebe, die nicht vergeht. Würzburg 2012, S. 81–99.
6 Sophokles: Antigone, Vers 523.
7 Simone Weil: La Source grecque. Paris 1953, S. 55.

8 Vgl. Hermann Wohlgschaft: Unsterbliche Paare. Eine Kulturgeschichte der Liebe. Bd. 1. Würzburg 2015, S. 90–92.

9 Ovid: Metamorphosen. 8. Buch, Verse 611–724.

10 Friedrich Nietzsche: Also sprach Zarathustra. Ein Buch für Alle und Keinen. 4. Buch. 1885 (Das Nachtwandler-Lied).

11 Ovid: Metamorphosen. 10. Buch, Verse 1–105.

12 Gottfried Bachl: Spuren im Gesicht der Zeit. Ein wenig Eschatologie. Salzburg 2008, S. 17; mit Bezug auf Ovid: Metamorphosen. 10. Buch, Verse 15–40.

13 Theodor Seifert: Vorwort. In: Hans Jellouschek: Vom Fischer und seiner Frau. Wie man besser mit den Wünschen seiner Frau umgeht. Zürich 1996, S. 7.

14 Ludwig Marcuse: Philosophie des Glücks. Zürich 1972, S. 45.

15 Marion Schmaus: Von »Hans im Glück« und anderen Glückssuchern. Erzähllogik und Hermeneutik in den Märchen der Brüder Grimm. Antrittsvorlesung in Marburg (31.10.2012).

16 Rosemarie Tüpker: Märchen von nah und fern. Einfach erzählt für die Arbeit in sozialen Kontexten. Münster 2020, S. 107–118.

17 Märchen der Brüder Grimm. Berlin 1937, S. 221.

18 Ebd., S. 220.

19 Ebd., S. 95.

20 Ebd.

21 Ebd., S. 96.

22 Ebd.

23 Zit. nach Jellouschek, wie Anm. 13, S. 12 u. ö.

24 Zit. nach ebd., S. 21.

25 Zit. nach ebd.

26 Ebd., S. 32.

27 Ebd., S. 40.

28 Ebd., S. 28.

29 Ebd., S. 53.

30 Vgl. Lutz Müller: Des Kaisers neue Kleider. Warum man nicht immer eine gute Figur machen muß. Zürich 1995, S. 16–20.

31 Ebd., S. 23.

32 Ebd., S. 26.

33 Im bäuerlichen Brauchtum des deutschen Sprachraums galten die Märtyrer Johannes und Paulus (Gedenktag am 26. Juni) auch als Wetterheilige.

34 Richard Skowronnek: Armer Henner. Stuttgart 1908, S. 36.

35 Vgl. Wohlgschaft: Unsterbliche Paare. Bd. 1, wie Anm. 8, S. 222–227.

36 Vgl. Otfrid-Reinald Ehrismann: Das Nibelungenlied. München 2005.

Kapitel II

Scheitern und Gewinnen in biblischen Texten

1 Eugen Drewermann: Strukturen des Bösen. Bd. 1. Die jahwistische Urgeschichte in exegetischer Sicht. Paderborn 1988, S. 580.

2 Vgl. Hans Urs von Balthasar: Was dürfen wir hoffen? Einsiedeln 1986; Ottmar Fuchs: Das jüngste Gericht. Hoffnung über den Tod hinaus. Regensburg 2018, bes. S. 102–143; Hermann Wohlgschaft: Schuld und Versöhnung. Das Letzte Gericht und die größere Hoffnung. Würzburg 2019, S. 139–175.

3 Vgl. Hermann Wohlgschaft: Erfülltes Leben. Was aber bleibt nach dem Tod? Würzburg 2011, S. 61ff.; ders.: Und wo ist Gott? Die Theodizeefrage in Dichtung und Theologie. Würzburg 2022, S. 26–29.

4 Vgl. Klaus Koch: Gibt es ein Vergeltungsdogma im Alten Testament? In: Ders.: Gesammelte Aufsätze. Bd. 1. Hg. von Bernd Janowski u. Martin Krause. Neukirchen-Vluyn 1991, S. 65–103.

5 Vgl. Wolfgang Beinert: Tod und jenseits des Todes. Regensburg 2000, S. 40ff.

6 Hans Walter Wolff: Menschliches. Vier Reden über das Herz, den Ruhetag, die Ehe und den Tod im Alten Testament. München 1971, S. 65.

7 Vgl. Wohlgschaft: Und wo ist Gott?, wie Anm. 3, S. 68–73.

8 Joseph Roth: Hiob. Roman eines einfachen Mannes. Hg. von Hans Wagener. Stuttgart 1930, S. 98.

9 Ebd., S. 28.

10 Ebd., S. 84.

11 Ebd., S. 144 (Hervorhebung von mir).

12 Ebd., S. 146.

13 Ebd., S. 147.

14 Vgl. Bibel-Lexikon. Hg. von Herbert Haag. Einsiedeln / Zürich / Köln 1968, Sp. 1408–1417.

15 Hervorhebung von mir.

16 Zit. nach der Übersetzung von Rudolf Kilian: Ich bringe Leben in euch. Propheten sprechen uns an. Stuttgart 1975, S. 47.

17 Zit. nach ebd., S. 48.

18 Ebd., S. 53.

19 Ebd., S. 54. Vgl. Wohlgschaft: Und wo ist Gott?, wie Anm. 3, S. 24ff.

20 Vgl. Hermann Wohlgschaft: Eine Quelle der Lebendigkeit. Trauerarbeit in unterschiedlichen Lebenslagen. Würzburg 2017, S. 30ff.

21 Vgl. Meik Gerhards: Studien zum Jonabuch. Neukirchen-Vluyn 2006.

22 Vgl. Martin Ebner: Jesus von Nazaret. Was wir von ihm wissen können. Stuttgart 2007, S. 73–85.

23 Vgl. Hermann Wohlgschaft: Heute an Gott glauben. Wege zur Gotteserfahrung. Aschaffenburg 1983, S. 57–62.

24 Vgl. Gerhard Lohfink: Jesus von Nazaret. Was er wollte, wer er war. Freiburg 2022 (9. Auflage).

25 Vgl. Herbert Leroy: Jesus. Überlieferung und Deutung. Darmstadt 1978.

26 Rudolf Pesch: Jesu ureigene Taten? Ein Beitrag zur Wunderfrage. Freiburg 1970, S. 153.

27 Vgl. z. B. Raphael Baer: Sokrates und Jesus in Prozess und Tod. Analogien und Differenzen. Krummhörn 2007; Hermann Wohlgschaft: Große Sterbeszenen der Weltliteratur. Eine geistliche Betrachtung. Würzburg 2018, S. 19–40.

28 Vgl. Wohlgschaft: Sterbeszenen, wie Anm. 27, S. 41–60; ähnlich Wohlgschaft: Heute an Gott glauben, wie Anm. 23, S. 65–74.

29 Vgl. Joseph Ratzinger: Einführung in das Christentum. Vorlesungen über das Apostolische Glaubensbekenntnis. München 1968, S. 187ff.; Franz-Josef Nocke: Liebe, Tod und Auferstehung. Über die Mitte des Glaubens. München 1978, S. 116ff.

30 Johannes B. Brantschen: Warum lässt der gute Gott uns leiden? Antwortversuche auf die Zumutungen des Lebens. Freiburg 2016, S. 79.

31 Vgl. Bibel-Lexikon, wie Anm. 14, Sp. 1833–37.

32 Gerd Häfner: Jenseits der Sühne. In: Christ in der Gegenwart 67. Jg. 2015, S. 235.

33 Vgl. Wolfhart Pannenberg: Das Glaubensbekenntnis. Hamburg 1972, S. 112.

34 Die jüdische Gruppe der Pharisäer glaubte an eine allgemeine Auferstehung der Toten am ›Jüngsten Tag‹. Die Sadduzäer hingegen leugneten die Auferstehung (vgl. Mk 12,18–27). Jesus gehörte – unter diesem Aspekt gesehen – der pharisäischen Glaubensrichtung an. Vgl. Günter Stemberger: Pharisäer, Sadduzäer, Essener. Fragen, Fakten, Hintergründe. Stuttgart 2013.

35 Tacitus: Annalen 15,44.

36 So z. B. Martin Ebner: Erscheinungen Christi oder: Die Jünger glauben Jesu Glauben. In: Christ in der Gegenwart.

67. Jg. 2015, S. 174; vgl. Hans Kessler: Was kommt nach dem Tod? Kevelaer 2014, S. 107ff.

37 Das Gemälde befindet sich heute in Paris im Petit Palais.

38 Vgl. zum Folgenden Hermann Wohlgschaft: Die Sehnsucht des Menschen – eine Liebe, die nicht vergeht. Würzburg 2012, S. 93–96.

39 Ratzinger: Einführung in das Christentum, wie Anm. 29, S. 242.

40 Ebd., S. 248f.

41 Vgl. Jürgen Moltmann: Niedergefahren zur Hölle. In: G. Rein (Hg.): Das Glaubensbekenntnis. Stuttgart 1968, S. 32–35; Wolfhart Pannenberg: Das Glaubensbekenntnis, wie Anm. 33, S. 98ff.

42 Karl Rahner: Zur Theologie des Todes. Mit einem Exkurs über das Martyrium. Freiburg 1958, bes. S. 58–61.

43 Karl Rahner: Schriften zur Theologie VII. Einsiedeln / Zürich / Köln 1966, S. 499.

44 Vgl. Wohlgschaft: Die Sehnsucht des Menschen, wie Anm. 38, S. 92f. und 98f.

45 Paul M. Zulehner: Kirchenvisionen. Orientierung in Zeiten des Kirchenumbaus. Ostfildern 2012, S. 29–35.

46 Ebd.

47 Patrick Süskind: Über Liebe und Tod. Zürich 2006.

48 Gottfried Bachl: Spuren im Gesicht der Zeit. Ein wenig Eschatologie. Salzburg 2008, S. 20f.

Kapitel III

Das Motiv des Scheiterns in Philosophie und Psychologie

1 Abraham H. Maslow: Motivation und Persönlichkeit. Reinbek 1981 (EA 1954); ders. / Henry Geiger / Bretha Maslow: The Farther Reaches of Human Nature. New York 1993.

2 Vgl. Volker Gerhardt: Vom Willen zur Macht. Anthropologie und Metaphysik der Macht am exemplarischen Fall Friedrich Nietzsches. Berlin 1996.

3 Vgl. Sigmund Freud: Jenseits des Lustprinzips. Leipzig/
Wien/Zürich 1920.

4 Vgl. Viktor E. Frankl: Der Wille zum Sinn. Göttingen 2015
(7. Auflage).

5 Albert Camus: Der Mythos des Sisyphos. Deutsch und mit
einem Nachwort von Vincent von Wroblewsky. Reinbek
2023, S. 15.

6 Ebd., S. 16.

7 Ebd., S. 15.

8 Ebd., S. 17.

9 Ebd., S. 18.

10 Ebd., S. 23.

11 Pindar: Dritte Pythische Ode; zit. nach Camus, wie Anm. 5,
S. 9.

12 Simone de Beauvoir: Der Lauf der Dinge. Aus dem Französischen von P. Baudisch. Reinbek 1993, S. 622f.

13 Karl Jaspers: Kleine Schule des philosophischen Denkens.
München 1965, S. 15.

14 Ebd., S. 27.

15 Ebd., S. 48.

16 Ebd., S. 59.

17 Karl Jaspers: Philosophie II. Existenzerhellung. Berlin/Göt-
tingen/Heidelberg. 3. Auflage 1956.

18 Karl Jaspers: Der philosophische Glaube. München 1948;
ders.: Der philosophische Glaube angesichts der Offenba-
rung. München 1962.

19 Jaspers: Philosophie II, wie Anm. 17, S. 220ff.

20 Jaspers: Kleine Schule, wie Anm. 13, S. 47.

21 Camus, wie Anm. 5, S. 37.

22 Jaspers: Philosophie II, wie Anm. 17, S. 225.

23 Ebd., S. 224f.

24 Ebd., S. 227.

25 Vgl. z.B. Karl Rahner: Zur Theologie des Todes. Freiburg
1958, S. 26–30.

26 Jaspers: Philosophie II, wie Anm. 17, S. 229.

27 Ebd.

28 Jaspers: Kleine Schule, wie Anm. 13, S. 26.

29 Jaspers: Philosophie II, wie Anm. 17, S. 224.

30 Ebd., S. 223.

31 Ebd.

32 Ebd., S. 227f.

33 Karl Jaspers: Unsterblichkeit. In: N. M. Luiten / A. Portmann / K. Jaspers / K. Barth: Vier Radiovorträge. Basel 1966, S. 31ff.

34 Jaspers: Philosophie II, wie Anm. 17, S. 229.

35 Søren Kierkegaard; zit. nach Camus, wie Anm. 5, S. 51.

36 Søren Kierkegaard: Die Krankheit zum Tode (frz.: Traité du désespoir). Paris 1932, S. 55; zit. nach Camus, wie Anm. 5, S. 52.

37 Jaspers: Kleine Schule, wie Anm. 13, S. 161.

Kapitel IV

Scheitern und Gewinnen in Film, Theater und Poesie

1 Dante Alighieri: Divina Commedia. Inferno III, Verse 1–3.9. Hg. von E. Laaths. Berlin / Darmstadt / Wien 1963, S. 71.

2 Zum Folgenden vgl. Hermann Wohlgschaft: Schuld und Versöhnung. Das Letzte Gericht und die größere Hoffnung. Würzburg 2019, S. 97ff.

3 Vgl. Albrecht Dieterich: Nekyia. Beiträge zur Erklärung der neuentdeckten Petrusapokalypse. Leipzig 1893.

4 Vgl. Wohlgschaft: Schuld und Versöhnung, wie Anm. 2, S. 139–175.

5 Diesen Beinamen gibt sich Don Quijote auf Anregung seines verschmitzten Knappen Sancho Pansa.

6 Der erste Teil des Romans erschien 1605, der zweite Teil 1615.

7 Vgl. Hermann Wohlgschaft: Unsterbliche Paare. Eine Kulturgeschichte der Liebe. Bd. 2. Würzburg 2016, S. 53–60.

8 Nach André Stoll: Woher kommt Dulcinea, und was schreibt Cide Hamele Benengeli? In: Chr. Strosetzki (Hg.): Miguel de Cervantes' »Don Quijote«. Berlin 2005, S. 103f.

9 Miguel de Cervantes: Der sinnreiche Junker Don Quijote von der Mancha. Aus dem Spanischen von L. Braunfels. Düsseldorf 2003, S. 770.

10 Ebd., S. 303.

11 Ebd., S. 1097.

12 Heinrich Zelton / Eduard Wolff: Der neue Schauspielführer. Berühmte Dramatiker und ihre Werke. Weyarn 1995, S. 34.

13 Vgl. Hermann Wohlgschaft: Die Sehnsucht des Menschen – eine Liebe, die nicht vergeht. Würzburg 2012, S. 76–80.

14 Vgl. oben Kap. I.3.

15 William Shakespeare: Hamlet. 3. Aufzug, 1. Szene.

16 Zelton / Wolff, wie Anm. 12, S. 54.

17 Shakespeare, wie Anm. 15, 5. Aufzug, 2. Szene.

18 Zelton / Wolff, wie Anm. 12, S. 72.

19 Theo Stemmler: Nachwort. In: Oliver Goldsmith: Der Pfarrer von Wakefield. Aus dem Englischen von Ernst Susemihl. München 1984, S. 208–212.

20 Vgl. Hermann Wohlgschaft: Große Sterbeszenen der Weltliteratur. Eine geistliche Betrachtung. Würzburg 2018, S. 64–68.

21 Gotthold Ephraim Lessing: Emilia Galotti. Mit Anmerkungen von J.-D. Müller. Stuttgart 2001, S. 85.

22 Conrad Wiedemann: Lessing, Gotthold Ephraim. In: Deutsche Autoren vom Mittelalter bis zur Gegenwart. Bd. 3. Hg. von W. Killy. Gütersloh / München 1994, S. 388.

23 Vgl. Hermann Wohlgschaft: Volles Leben sollt ihr haben! Der Erlösungsgedanke in Mythos, Literatur und Religion. Würzburg 2021, S. 61–77.

24 Johann Wolfgang von Goethe: Faust. Eine Tragödie. 1808, Verse 319–324.

25 Ebd., Verse 1335f.

26 Ebd., Vers 4611.

27 Friedrich Schiller: Maria Stuart. Ein Trauerspiel. Mit Anmerkungen von C. Grawe. Stuttgart 2015, S. 120.

28 Ebd., S. 135.

29 Ebd., S. 136.

30 Ebd., S. 120.

31 Friedrich Schiller: Die Jungfrau von Orleans. Eine romantische Tragödie. Mit Anmerkungen von U. Karthaus. Stuttgart 2002, S. 121.

32 Vgl. Wohlgschaft: Unsterbliche Paare. Bd. 2, wie Anm. 7, S. 205–209.

33 Georg Büchner: Dantons Tod. Ein Drama. Stuttgart 2002, S. 52.

34 Vgl. Wohlgschaft: Unsterbliche Paare. Bd. 2, wie Anm. 7, S. 248–252 (zu Günderrode) u. S. 253–258 (zu Kleist).

35 Reclams Opern- und Operettenführer. Hg. von W. Zentner u. A. Würz. Stuttgart 1975, S. 78.

36 Ebd., S. 147.

37 Ebd., S. 276.

38 Ebd., S. 277.

39 Ebd., S. 329.

40 Ebd., S. 393.

41 Ebd., S. 396.

42 Ebd., S. 236.

43 Richard Wagner: Götterdämmerung. III. Akt, Szene 3.

44 Vgl. Michaela Fridrich: Richard Wagners Götterdämmerung als Untergangsvision. In: Deutschlandfunk Kultur (6.5.2012).

45 Karl May: Gesammelte Reiseromane Bd. VII: Winnetou. 1. Band. Freiburg 1893, S. 128.

46 Karl May: Gesammelte Reiseromane Bd. XIII: In den Cordilleren. Freiburg 1894, S. 522.

47 Karl May: Gesammelte Reiseerzählungen Bd. XIX: Old Surehand. 3. Band. Freiburg 1896, S. 491.

48 Karl May: Gesammelte Reiseerzählungen Bd. XXIV: »Weihnacht!« Freiburg 1897, S. 31.

49 Karl May: Gesammelte Reiseerzählungen Bd. XXVI: Im Reiche des silbernen Löwen. 1. Band. Freiburg 1898, S. 539.

50 Ebd., S. 540.

51 Karl May: Gesammelte Reiseerzählungen Bd. XXV: Am Jenseits. Freiburg 1899, S. 173.

52 Ebd., S. 174.

53 Karl May: Gesammelte Reiseerzählungen Bd. XXIX: Im Reiche des silbernen Löwen. 4. Band. Freiburg 1903, S. 173.

54 Ebd., S. 70.

55 Ebd., S. 156.

56 Ebd., S. 196.

57 Karl May: Mein Leben und Streben. Freiburg o. J. (1910), S. 210. Reprint Hildesheim/New York 1982. Hg. von Hainer Plaul.

58 Karl May: Gesammelte Reiseerzählungen Bd. XXX: Und Friede auf Erden! Freiburg 1904, S. 61.

59 Ebd., S. 56.

60 Ebd., S. 59.

61 Ebd., S. 437.

62 Auch der Ich-Erzähler und eine stattliche weitere Reihe von Romanfiguren können als idealisierte oder dämonisierte Teil-Ichs des Autors verstanden werden.

63 Zit. nach Carson McCullers: Das Herz ist ein einsamer Jäger. Aus dem Amerikanischen von S. Rademacher. Mit einem Nachwort von Richard Wright. Zürich 2013, Klappentext.

64 Elke Heidenreich: Mein Lieblingsbuch:»Das Herz ist ein einsamer Jäger«. In: Frankfurter Allgemeine Zeitung (15.7.2004, S. 31).

65 Richard Wright: Geistige Landschaft. In: McCullers, wie Anm. 63, S. 585.

66 Ebd., S. 588.

67 McCullers, wie Anm. 63, S. 7.

68 Ebd., S. 9f.

69 Ebd., S. 38.

70 Ebd., S. 153.

71 Ebd., S. 147.

72 Ebd., S. 262.

73 Ebd., S. 83.

74 Ebd., S. 496.

75 Ebd., S. 122.

76 Ebd., S. 230.

77 Ebd., S. 540.

78 Ebd., S. 544.

79 Ebd., S. 131.

80 Ebd., S. 82.

81 Wright, wie Anm. 63, S. 586.

82 McCullers, wie Anm. 63, S. 82.

83 Ebd., S. 544.

84 Ebd., S. 253f.

85 Ebd., S. 255.

86 Ebd., S. 302.

87 Ebd., S. 294f.

88 Ebd., S. 296.

89 Ebd., S. 53.

90 Ebd., S. 26.

91 Ebd., S. 582.

92 Wright, wie Anm. 63, S. 587.

93 McCullers, wie Anm. 63, S. 398.

94 Ebd., S. 540.

95 Ebd., S. 418.

96 Ebd., S. 534.

97 Ebd., S. 535.

98 Ebd., S. 536.

99 Ebd., S. 288.

100 Ebd., S. 322.

101 Ebd., S. 323f.

102 Ebd., S. 329.

103 Ebd., S. 524.

104 Ebd.
105 Ebd., S. 335.
106 Vgl. Gerd Eversberg: Bertolt Brecht – Mutter Courage und ihre Kinder. Beispiel für Theorie und Praxis des epischen Theaters. Hollfeld 1976.
107 Vgl. Hermann Wohlgschaft: Und wo ist Gott? Die Theodizeefrage in Dichtung und Theologie. Würzburg 2022, S. 76–79.
108 Thomas Mann: Das Leben des deutschen Tonsetzers Adrian Leverkühn, erzählt von einem Freunde. Berlin / Darmstadt / Wien 1966, S. 502.
109 Ebd.
110 Vgl. Carlo Maria Martini / Umberto Eco: Woran glaubt, wer nicht glaubt? Mit einem Vorwort von Kardinal Franz König. Wien 1998.
111 Umberto Eco: Der Name der Rose. Aus dem Italienischen von B. Kroeber. München 2016, Klappentext.
112 Ebd., S. 645.
113 Ebd.
114 Vgl. Wohlgschaft: Volles Leben, wie Anm. 23, S. 131ff.
115 Eco: Der Name der Rose, wie Anm. 111, S. 676.
116 Ebd., S. 654.
117 Eeva-Liisa Manner: Das Mädchen auf der Himmelsbrücke. Aus dem Finnischen von M. Murmann. Mit einem Nachwort von A. R. Strubel. Berlin 2022, S. 11.
118 Ebd., S. 17.
119 Ebd., S. 26.
120 Antje Rávik Strubel: Gottes kaltes Auge. In: Manner, wie Anm. 117, S. 139.
121 Manner, wie Anm. 117, S. 48.
122 Ebd., S. 49.
123 Ebd., S. 51.
124 Ebd., S. 52.
125 Ebd., S. 52f.

126 Ebd., Klappentext.

127 Ebd., S. 54f. (Hervorhebung von mir).

128 Ebd., S. 60.

129 Ebd.

130 Ebd., S. 83.

131 Ebd.

132 Strubel, wie Anm. 120, S. 147.

133 Manner, wie Anm. 117, S. 85.

134 Ebd., S. 89.

135 Ebd., S. 90.

136 Ebd., S. 91.

137 Ebd., S. 117.

138 Nach Strubel, wie Anm. 120, S. 146.

139 Ebd., S. 142.

140 Ebd., S. 145.

141 Ebd.

Kapitel V

Scheitern und Gewinnen in der Gegenwartspoesie

1 So der Rezensent Karl-Markus Gauß in der Süddeutschen Zeitung (7.2.2024).

2 Michael Köhlmeier: Das Philosophenschiff. München 2024, S. 217.

3 Ebd., S. 218.

4 Judith von Sternburg in der Frankfurter Rundschau (7.2.2024).

5 Stefanie Wirsching: Auf Schiffsreise mit Lenin. In: Augsburger Allgemeine (10.2.2024), S. 20.

6 Patrick Süskind: Das Parfum. Die Geschichte eines Mörders. Zürich 1994, S. 305f. Vgl. Wohlgschaft: Volles Leben, wie Anm. IV 23, S. 133f.

7 Vgl. Hermann Wohlgschaft: Dich gibt es nicht, wenn doch, dann komm! Gott in der deutschsprachigen Gegenwartsliteratur. Würzburg 2024, S. 163–167.

8 Michel Houellebecq: Serotonin. Aus dem Französischen von S. Kleiner. Köln 2019, S. 335.

9 Heinz Strunk: Fleisch ist mein Gemüse. Eine Landjugend mit Musik. Reinbek 2004, S. 55. Vgl. Hermann Wohlgschaft: Liebeskummer oder Sich kümmern in Liebe. Würzburg 2023, S. 37ff.

10 Vgl. Wohlgschaft: Gegenwartsliteratur, wie Anm. 7, S. 337–342.

11 Robert Seethaler: Der letzte Satz. Berlin 2020, S. 125.

12 Ebd., S. 82.

13 Ebd., S. 95. Vgl. Wohlgschaft: Gegenwartsliteratur, wie Anm. 7, S. 395f.

14 Robert Seethaler: Das Café ohne Namen. Berlin 2023, S. 71.

15 Ebd., S. 230. Vgl. Wohlgschaft. Gegenwartsliteratur, wie Anm. 7, S. 397–401.

16 Thomas Hürlimann: Der rote Diamant. Frankfurt a. M. 2022, S. 233.

17 Vgl. Wohlgschaft. Gegenwartsliteratur, wie Anm. 7, S. 229–234.

18 Lutz Seiler: Stern 111. Berlin 2023, S. 42.

19 Ebd., S. 84.

20 Ebd., S. 43.

21 Ebd., S. 369.

22 Ebd., S. 486. Vgl. Wohlgschaft: Gegenwartsliteratur, wie Anm. 7, S. 352–357.

23 Ralf Rothmann: Die Nacht unterm Schnee. Berlin 2022, S. 170.

24 Ebd., S. 78.

25 Ebd., S. 134f. Vgl. Wohlgschaft: Gegenwartsliteratur, wie Anm. 7, S. 267–271.

26 Peter Handke: Die Ballade des letzten Gastes. Berlin 2023, S. 83.

27 Ebd., S. 81.

28 Ebd., S. 15.

29 Ebd., S. 21.

30 Ebd., S. 158.

31 Ebd., S. 92. Vgl. Wohlgschaft: Gegenwartsliteratur, wie Anm. 7, S. 92–97.

32 Ein Beispiel: Bei Daniel Kehlmann hat G. W. Pabst nicht zwei Söhne namens Michael und Peter, sondern nur *einen* Sohn namens Jakob, der sich zum fanatischen Hitlerjungen entwickelt.

33 Daniel Kehlmann: Lichtspiel. Hamburg 2023, Klappentext.

34 Ebd., S. 339.

35 Ebd., S. 195.

36 Ebd., Klappentext.

37 So der Journalist Peter Körte in seiner Besprechung des Kehlmann-Romans in der Frankfurter Allgemeinen Sonntagszeitung (15.10.2023).

38 Kehlmann: Lichtspiel, wie Anm. 33, S. 432.

39 Ebd., S. 435.

40 Ebd., S. 449.

41 Bodo Kirchhoff: Seit er sein Leben mit einem Tier teilt. München 2024, S. 192.

42 Ebd., S. 139.

43 Ebd., S. 232.

44 Ebd., S. 237.

45 Ebd., S. 238.

46 Ebd., S. 341.

47 Ebd., S. 90.

48 Ebd., S. 261.

49 Ebd., S. 117.

50 Ebd., S. 263.

51 Ebd., S. 352.

52 Ebd., S. 373.

53 Ebd., S. 378.

54 Ebd., S. 174f.

55 Ebd., S. 211.

56 Ebd., S. 319 (Hervorhebung von mir).

57 Ebd., S. 254.

58 Ebd., S, 18.

59 Ebd., S. 26 u. 378.

60 Bernhard Schlink: Das späte Leben. Zürich 2023, S. 16.

61 Peter Mohr: Zwischen Leben und Tod. In: Augsburger Allgemeine (29.12.2023), S. 12.

62 Schlink, wie Anm. 60, S. 67.

63 Ebd., S. 22.

64 Ebd., S. 155.

65 Ebd., S. 82.

66 Ebd., S. 115.

67 Ebd., S. 125.

68 Ebd., S. 61.

69 Ebd., S. 59.

70 Vgl. ebd., S. 65.

71 Ebd., S. 62.

72 Ebd., S. 78.

73 So der Historiker und Publizist Nils Minkmar in der Süddeutschen Zeitung (13.12.2023).

74 Schlink, wie Anm. 60, S. 83.

75 Ebd.

76 Ebd., S. 141.

77 Ebd., S. 174.

78 Ebd., S. 44.

79 Ebd., S. 223.

80 Ebd., S. 145.

81 Graham Greene: Die Kraft und die Herrlichkeit. Aus dem
Englischen von Veza Magd u. Bernhard Zebrowski. Berlin
1948, S. 33.

82 Dieter Wellershoff: Der Himmel ist kein Ort. München 2012,
S. 34f.

83 Vgl. Wohlgschaft: Gegenwartsliteratur, wie Anm. 7, S. 33–37.

84 Dörte Hansen: Zur See. München 2022, S. 25.

85 Ebd., S. 226.

86 Ebd., S. 223.

87 Vgl. Wohlgschaft: Gegenwartsliteratur, wie Anm. 7, S. 370–375.

88 Petra Morsbach: Gottesdiener. München 2018, S. 71.

89 Ebd., S. 276.

90 Vgl. Wohlgschaft: Gegenwartsliteratur, wie Anm. 7, S. 293–298.

91 Tamar Noort: Die Ewigkeit ist ein guter Ort. Hamburg 2022, S. 33.

92 Ebd., S. 29.

93 Vgl. Wohlgschaft: Gegenwartsliteratur, wie Anm. 7, S. 468–474.

94 Daniel Kehlmann: F. Reinbek 2020, S. 56 (Hervorhebungen von mir).

95 Georg Langenhorst:»In welchem Wort wird unser Heimweh wohnen?« Religiöse Motive in der neueren Literatur. Freiburg 2020, S. 123.

96 Ebd., S. 122.

97 Vgl. Wohlgschaft: Gegenwartsliteratur, wie Anm. 7, S. 447–451.

98 Vgl. ebd., S. 299f.

Kapitel VI

Vom ›Scheitern‹ in Gesellschaft und Kirche

1 Auch die reichen arabischen Ölstaaten nehmen keine Flüchtlinge auf, handeln aber en gros mit Waffen.

2 Martha Zechmeister in der österreichischen Wochenzeitung ›Die Furche‹; zit. nach: Christ in der Gegenwart. 75. Jg. 2023. Nr. 51, S. 2.

3 Vgl. Jan Assmann: Moses der Ägypter. Entzifferung einer Gedächtnisspur. München 1998.

4 Vgl. Hermann Wohlgschaft: Make love not war. Können Kriege ›gerecht‹ sein? Stuttgart 2022, S. 36f.

5 Vgl. ebd., S. 43ff.

6 Vgl. ebd., S. 48ff.

7 Vgl. Hermann Wohlgschaft: Keine Ausflüchte mehr! Gedanken zur notwendigen Kirchenreform. Würzburg 2019, S. 49–65 u. 137–154.

8 Abgelehnt haben die Zwei-Staaten-Lösung freilich auch die Palästinenser und stattdessen die zweite Intifada begonnen.

9 Dietmar Mieth: Eine Selbstauslieferung und ihre Vorbilder. In: Christ in der Gegenwart 17 (2024), S. 6.

10 Ebd.

11 Vgl. Wohlgschaft: Make love, wie Anm. 4, S. 67ff.

12 Vgl. ebd., S. 84ff.

13 Vgl. – auch zum Folgenden – ebd., S. 71–78.

14 Papst Franziskus: Fratelli tutti, Art. 256–258.

15 Ebd., Art. 261.

16 Papst Franziskus am 18.4.2024 im Micro-Blogging Dienst ›X‹.

17 Neuere kirchliche Lehrdokumente sehen Waffengewalt im Rahmen der Landesverteidigung nur unter sehr einschränkenden Bedingungen als vertretbar an. Vgl. Wohlgschaft: Make love, wie Anm. 4, S. 71–86.

18 Papst Franziskus in vielen Ansprachen seit Beginn des Ukraine-Kriegs.

19 Allerdings weiß ich nicht, ob im Hintergrund vielleicht doch diplomatische Verhandlungen laufen.

20 Vgl. Ladislaus Boros: Menschliches Scheitern als christliches Gebet. In: Orientierung 36/1972, S. 253–257.

21 Vgl. Jürgen Werbick: Kleine Gotteslehre im Dialog mit Papst Franziskus. Freiburg 2018, S. 35ff.; Hermann Wohlgschaft: Und wo ist Gott? Die Theodizeefrage in Dichtung und Theologie. Würzburg 2022, S. 147f.

22 Vgl. Otto Knoch: Wer Ohren hat, der höre. Die Botschaft der Gleichnisse Jesu. Werkbuch zur Bibel. Stuttgart 1983, S. 79f.

Personenregister

A

Adler, Alfred 86

Aischylos 22

Alexander der Große 182

Amos (Prophet) 68

Andersen, Hans Chr. 37, 146

Annaud, Jean-Jacques 142

Anselm von Canterbury 73

Aristophanes 30

Assmann, Jan 181

Auden, Wystan Hugh 158

B

Bach, Johann Seb. 148, 169

Bachl, Gottfried 30, 84

Barlach, Ernst 23

Beauvoir, Simone de 16, 89

Beccafumi, Domenico 79

Beecher-Stowe, Harriet 128

Beethoven, Ludwig van 15

Beit, Hedwig von 34

Benedikt von Nursia 76

Benedikt XVI. (Papst) 80

Bergoglio, Jorge

  s. Franziskus (Papst) 190

Bernanos, Georges 171

Bizet, George 118

Bloch, Ernst 19

Böll, Heinrich 97

Bonhoeffer, Dietrich 184

Bonifatius VIII. (Papst) 101

Boros, Ladislaus 192

Brantschen, Johannes B. 74

Brecht, Bertolt 28, 140

Brooks, Louise 160

Brutus, M. Iunius 101, 104

Buber, Martin 11

Büchner, Georg 113, 114, 144

Bülow, Karl Eduard von 37

C

Caesar, Gaius Julius 104, 182

Camus, Albert 16, 21, 87, 88,
  89, 91, 93

Cervantes, Miguel de 102

Clemens v. Alexandrien 82, 83

Der Autor

Dr. Hermann Wohlgschaft (1944–2024) war Seelsorger im Ruhestand und Autor zahlreicher Sachbücher. Nach langjährigen Tätigkeiten mit Studierenden, in Pfarrgemeinden und mit Kranken arbeitete er in der Pfarreiengemeinschaft Kaufering mit. Zu seinen besonderen Interessen zählten die theologische Auseinandersetzung mit der Gegenwartspoesie, belletristische, spirituelle, philosophisch-theologische und psychotherapeutische Literatur, ökumenische Theologie und christliche Friedenspolitik.